Heidi Grund-Thorpe

STRICKEN

IMPRESSUM

Redaktion: Margit Bogner, Marianne Kerber, Andrea Scharl
Umschlaggestaltung: Hempel/Langkau
Titelabbildung: Fa. Schachenmayr/ Coats, Salach
Fotos: Ulrich Kerth, München
Bildredaktion: Bettina Huber
DTP/Satz: Reiner Löb, Bettina Kammerer

Herstellung: Manfred Metzger (Leitung), Annette Aatz

Wir danken der Firma Schachenmayr für die freundliche Unterstützung

Printed in Italy
Gedruckt auf Chlor- und säurearmem Papier

ISBN 3-517-09103-0

Heidi Grund-Thorpe

STRICKEN

Der Grundkurs – von einfach bis raffiniert

Socken • Handschuhe • Pullis

CORMORAN

Inhalt

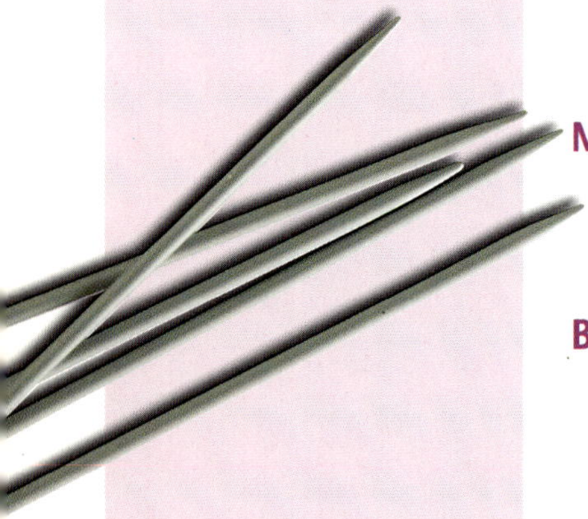

Grundtechniken und Basiswissen

Grundmodelle

Grundtechniken und Basiswissen

Ob einfache oder komplizierte Technik – mit Hilfe anschaulicher Bilder lernen Sie Stricken Schritt für Schritt. Ergänzend finden Sie alle notwendigen Informationen zu Garn, Werkzeug und Schnitterstellung.

Stricknadeln und Hilfsmittel

Außer Stricknadeln gibt es eine Reihe von Hilfsmitteln, die das Stricken erleichtern. Zur Grundausstattung gehören Schere, Maschenzählrahmen, Maßband, stumpfe Sticknadel zum Vernähen und eine Häkelnadel.

1 Hilfsnadeln zum Zopfstricken: Durch den Knick in der Mitte bleiben die Maschen beim Stillegen auf der Nadel liegen.

2 Jackenstricknadeln: Sie haben einen gleichbleibend dicken Schaft in der Nadelstärke.

3 Jackenstricknadeln aus Kunststoff: Es gibt sie in den Größen 12, 15 und 20 für besonders dicke Strickgarne.

4 Schnellstricknadeln: Sie sind zwischen 25 und 35 Zentimeter lang mit den Nadelstärken 2,0 bis 7,0. Durch den dünner werdenden Schaft nach etwa acht Zentimetern lassen sich die Maschen viel einfacher zusammenschieben.

5 Rundstricknadeln: Sie sind zwischen 40 und 90 Zentimeter lang mit den Nadelstärken 2,0 bis 10,0 (für dickere Strickgarne gibt es auch Rundstricknadeln mit Plastikspitze in den Nadelstärken 12 und 15). Sie können Rundstricknadeln nicht nur für Rundgestricktes, sondern auch für gerade Teile verwenden, da sich das Gewicht des Gestrickten auf den Perlonschnüren besser verteilt. Ihre persönliche Vorliebe für feste oder Rundstricknadeln muß jede Strickerin selbst herausfinden.

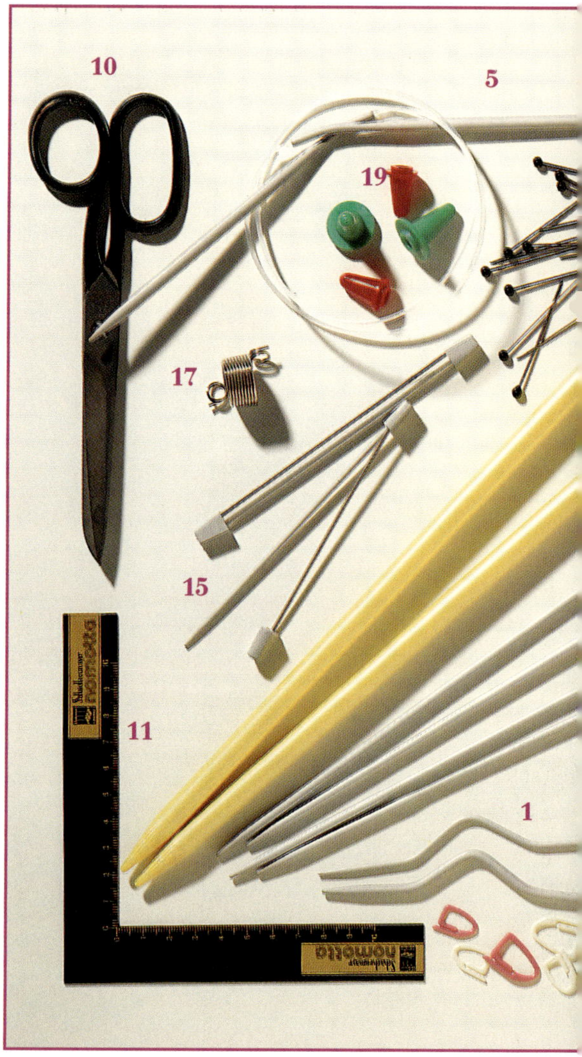

6 Flexstricknadeln: Statt der Verjüngung von Schnellstricknadeln haben sie eine Perlonschnur mit Kopf am Ende.

7 Nadelspiel: Fünf Nadeln aus Stahl oder beschichtetem Metall zum Stricken von runden Teilen, zum Beispiel Socken. Die Maschen werden auf vier Nadeln verteilt, die fünfte Nadel dient zum Abstricken.

8 Kurzes Nadelspiel: Durch die kürzeren Nadeln wird das Stricken in engen Runden, wie etwa bei Handschuhen, wesentlich erleichtert.

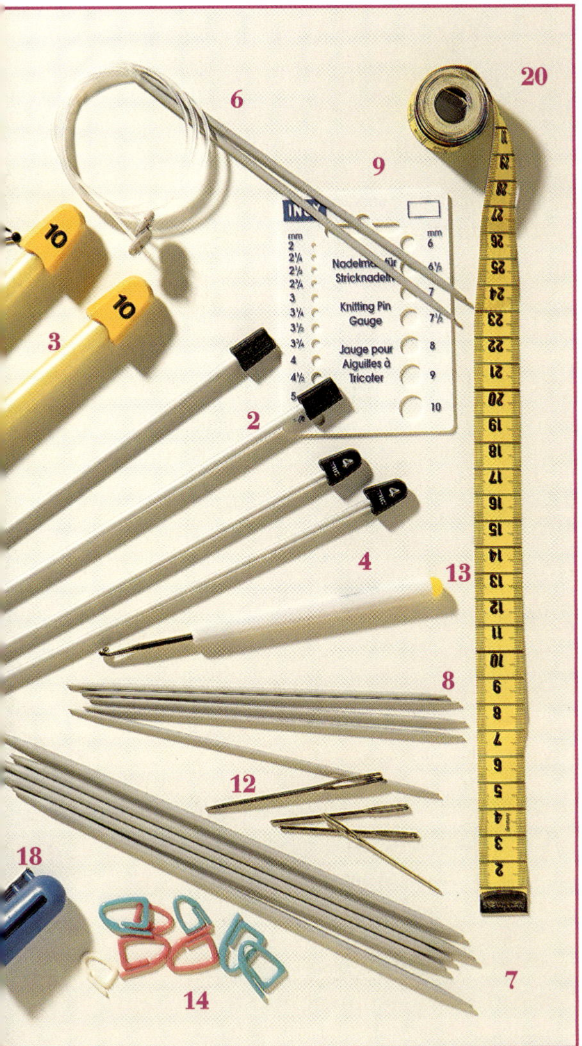

9 Nadelmaß aus Karton, Kunststoff oder Aluminium: Mit ihm können Sie die Nadelstärke bestimmen.

10 Stoffschere: Diese Schere sollten Sie ausschließlich für textile Materialien und Garne verwenden.

11 Zählrahmen: Er ist ein Hilfsmittel für die Maschenprobe. Am Rand befinden sich zusätzlich Löcher zum Bestimmen von Nadelstärken.
Den Zählrahmen können Sie übrigens aus einem 12 x 12 cm großen, stärkeren Karton selbst basteln, indem Sie aus der Mitte ein 10 x 10 cm großes Quadrat herausschneiden und entlang der Kanten eine Aufteilung in 0,5 cm Schritten anzeichnen.

12 Stumpfe Sticknadeln mit großem Nadelöhr: Sie werden zum Vernähen der Fäden und Zusammenfügen der Strickteile benötigt.

13 Häkelnadeln mit und ohne Griff: Sie dienen zum Zusammenhäkeln und für den Kantenabschluß.

14 Markierungsringe: Mit ihnen werden Zu- oder Abnahmen, Beginn eines Musters etc. gekennzeichnet. Die Ringe werden einfach in die gestrickten Maschen eingehängt.

15 Maschenraffer: Lange Sicherheitsnadeln zum Stillegen vieler Maschen, z. B. an Ausschnittrundungen.

16 Spannadeln: Zum Spannen und Zusammenstecken fertiger Strickteile. Kleinere Stecknadeln verschwinden zu leicht im Gestrickten.

17 Fadenführer: Zum Stricken von zweifarbigen Einstrickmustern.

18 Fadenführer in Fingerhutform: Zum Stricken von mehrfarbigen Einstrickmustern.

19 Maschenstopper: Sie werden auf ein Ende einer Nadel mit zwei Spitzen aufgesetzt, so beim Stricken von Socken.

20 Maßband: Zum Abmessen der Strickteile und Größenvergleich mit dem Originalschnitt.

Garninfo und Maschenprobe

KLEINE GARNKUNDE

Strickgarne werden durch das Material, das Spinnverfahren und zum Teil auch durch die Ausrüstung (Endbehandlung) unterschieden. Man unterteilt Garne in Naturfasern (Baumwolle, Wolle, Seide und Leinen), Chemiefasern (Viskose, Polyacryl, Polyester und Acetat) und Mischfasern. Der Anteil der jeweiligen Fasern eines Garns wird auf der Banderole in Prozent angegeben.
Vor einigen Jahren wurden fast ausschließlich hochwertige Naturfasern verarbeitet, zur Zeit ist wieder der Trend zur Chemiefaser festzustellen. Heutige Chemiefasern unterscheiden sich allerdings durch eine aufwendige und höchst komplizierte Verarbeitung stark von den Chemiefasern der sechziger Jahre. Sie haben heute zum Teil bessere Trageeigenschaften als manche Naturfaser. Fleecegarn aus hundert Prozent Mikrofasern zum Beispiel ist wasserundurchlässiger als eine nicht entfettete Wolle, die außerdem für empfindliche Naturen den Nachteil des Kratzens mit sich bringt.

RICHTIGE AUSWAHL

Entscheidend für die Wahl des Garns ist der Verwendungszweck. Lassen Sie sich von der Verkäuferin beraten; am besten kaufen Sie zuerst nur ein Knäuel der gewünschten Wolle und fertigen ein Probestück an. Erst dann können Sie sicher wissen, ob sich die Wolle für das geplante Strickstück eignet.

Einige Tips: Verwenden Sie für einen kompletten Pullover kein Garn, das eigentlich nur als Accessoiregarn verarbeitet werden sollte. Eine kleine Weste oder ein Kurzpulli aus Metallic-Fransengarn dagegen, das eigentlich auch ein Accessoiregarn ist, wertet ein schlichtes Outfit effektvoll auf. Wenn Sie experimentierfreudig sind: Einige Garne bekommen eine völlig andere Wirkung, wenn Sie die angegebene Nadelstärke z. B. verdoppeln. Die modische Wirkung wird durch diesen Trick vor allem bei Mohair-, Bändchen- und Viskosegarnen enorm gesteigert.
Aber Vorsicht: Eine Maschenprobe ist unbedingt erforderlich!

LAUFLÄNGE WICHTIG

Strickgarne werden in der Regel im 50-Gramm-Knäuel verkauft. Bei sehr leichten und edlen Garnen wie Alpaka, Angora, Cashmere und manchmal auch Mohair werden sie in 20-Gramm-Knäuel angeboten. Dabei ist aber nicht das Gewicht für den Garnverbrauch entscheidend, sondern die Lauflänge auf 50 Gramm, die immer auf der Banderole angegeben ist. Mit der Lauflänge und der Maschenprobe auf der Banderole können Sie gut Wollarten und -verbrauch vergleichen, wenn Sie für ein Strickstück nicht genau die gleiche Garnsorte bekommen.

MASCHENPROBE

Auf alle Fälle sollten Sie vor dem Strickbeginn eine Maschenprobe anfertigen. Das ist zwar eine sehr unbeliebte Arbeit, aber sie ist enorm wichtig für die endgültige Paßform des Strickstücks. Auf der Banderole befindet sich eine ungefähre Angabe; das genaue Ergebnis erhalten Sie nur durch Ihre eigene Maschenprobe.
Am besten, Sie schlagen etwa fünf Maschen mehr an als bei der angegebenen Maschenprobe und stricken in der Höhe etwa zehn Reihen mehr. Wichtig ist auch, daß Sie die Maschenprobe im gleichen Muster stricken wie das Strickstück. Nach dem Abketten sollten Sie die Maschenprobe leicht spannen, befeuchten und trocknen lassen. Erst dann den Maschenzähler auf ein Quadrat von 5 x 5 cm oder 10 x 10 cm auflegen, die Maschen und Reihen abzählen und notieren.
Wichtig: Auch halbe Maschen notieren! Teilen Sie dann die Maschenanzahl durch die Anzahl der Zentimeter, die Sie abgemessen haben.
Dadurch erhalten Sie die Anzahl der Maschen auf einen Zentimeter Breite. Natürlich ist das oft eine Zahl mit einer Stelle nach dem Komma, aber das hebt sich in der Multiplikation mit der Gesamtbreite wieder auf; die Maschenanzahl wird aber um so genauer. Ein Berechnungsbeispiel:

Anzahl der Maschen auf 5 cm
Breite: 8
Anzahl der Maschen auf 1 cm
Breite: 8 : 5 = 1,6 Maschen
Anzahl der Maschen auf 58 cm
Breite des Strickstücks:
1,6 x 58 = 92,8 Maschen

In diesem Fall empfiehlt es sich, die Maschenzahl auf 93 aufzurunden, bei einer Kommastelle unter fünf würde ich die Maschenzahl abrunden. Genauso gehen Sie bei der Errechnung der Reihenzahl vor, die vor allem bei Abnahmen sehr wichtig ist.

Anzahl der Reihen auf 5 cm
Höhe: 12
Anzahl der Reihen auf 1 cm
Höhe: 12 : 5 = 2,4 Reihen
Anzahl der Reihen auf 40 cm
Höhe des Strickstücks:
2,4 x 40 = 96 Reihen

Wenn Sie jetzt einen Pullover nach einer Strickschrift arbeiten wollen, ist es für einen Anfänger ratsam, sich den Schemaschnitt mit Maßangaben im Verhältnis 1 : 1 auf Schnittpapier aufzuzeichnen und auszuschneiden. Damit können Sie durch Anhalten an Ihren Körper ausprobieren, wie leger oder paßgenau der Schnitt berechnet ist. Denken Sie aber auch daran, daß bei Verwendung sehr dicker Wolle der Schnitt noch lockerer als bei einer mittleren Wollstärke sein muß, um leger zu sitzen. In diesen Schnitt können Sie die Anzahl der anzuschlagenden Maschen bzw. der Maschen, die am Ausschnitt abgenommen werden müssen, eintragen, aber auch die Anzahl der Reihen bis zum Armausschnitt, Musterwechsel etc. Legen Sie das Gestrickte immer wieder auf den Schnitt, um zu überprüfen, ob die Maße auch wirklich übereinstimmen.

Pflegesymbole und Pflegetips

Auf den Banderolen Ihres Strickgarns befinden sich Pflegesymbole, die angeben, wie Sie Ihr fertiges Strickstück behandeln müssen.
Verwenden Sie unterschiedliche Garne wie z.B. Wolle, Seide und Angora, dann müssen Sie sich nach den Pflegesymbolen des empfindlichsten Garns richten, im Beispiel also nach den Symbolen für die Angorawolle.
Zur Pflege im allgemeinen ist zu sagen, daß ein Strickstück aus Naturwolle nicht nach jedem Tragen gewaschen werden sollte. Es reicht oft, wenn Sie das Kleidungsstück einige Stunden (am besten bei feuchter Witterung) über Nacht an die frische Luft hängen. Es ist auch empfehlenswert, unter Strickstücken

WASCHMASCHINEN- UND SCHLEUDERFEST

Garne mit diesem Zeichen sind waschmaschinen- und schleuderfest ausgerüstet, die Angaben in der Mitte bezeichnen die maximale Höhe der Wassertemperatur. Der Balken darunter bedeutet, den Schonwaschgang der Waschmaschine zu wählen, denn dann ist die Drehzahl der Waschmaschine geringer und der Wasserstand höher.

NUR HANDWÄSCHE

Dieses Garn darf nur von Hand gewaschen werden, bei Temperaturangaben diese unbedingt einhalten. Benutzen Sie viel Wasser, wenig Waschmittel, und reiben Sie das Strickstück auf keinen Fall gegeneinander.

CHEMISCH REINIGEN

Strickwaren aus Garn mit diesem Zeichen müssen unbedingt in der chemischen Reinigung gesäubert werden.

NICHT CHEMISCH REINIGEN

Strickwaren mit diesem Zeichen dürfen nicht chemisch gereinigt werden.

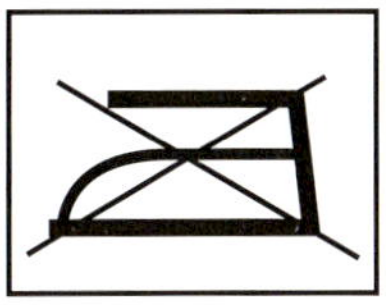

NICHT BÜGELN

Strickwaren aus Garn mit diesem Zeichen dürfen nicht gebügelt werden.

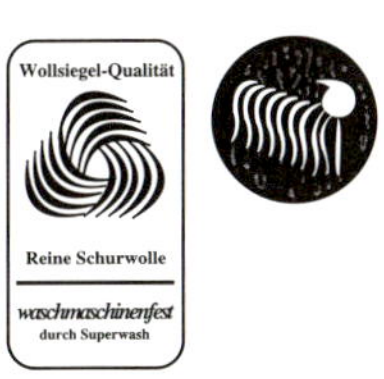

GÜTESIEGEL DES INTERNATIONALEN WOLLSEKRETARIATS – IWS

Dieses Siegel bekommen nur geprüfte und hochwertige Schurwoll- und Mohairgarne.
Auch empfohlene Waschmittel tragen das Wollsiegel des IWS.

GEEIGNET FÜR STRICKAPPARATE

Nicht jedes Garn eignet sich zum Stricken auf Apparaten. Überprüfen Sie deswegen die Banderole auf dieses Zeichen.

aus edlen Garnen wie z. B. Schurwolle, Angora, Alpaka oder Cashmere ein T-Shirt anzuziehen, da der Hautschweiß auf das Garn aggressiv wirkt, die Maschenware würde regelrecht verfilzen. Benutzen Sie von der IWS empfohlene Fein- oder Wollwaschmittel, verwenden Sie weniger Waschmittel als angegeben, und vermeiden Sie Reiben oder Wringen. Das Strickstück sollte im Wasser richtig »schwimmen«: lieber zu viel als zu wenig Wasser! Seidengarne werden nach dem Waschen wieder besonders glänzend und farbintensiv, wenn Sie beim Spülen einen Eßlöffel Essig zugeben. Nach dem Spülen das Gewaschene in ein Handtuch rollen, und die Rolle leicht drücken. Danach das Gestrickte auf einem Handtuch in Form legen und trocknen lassen.

Anschlagen

Kreuzanschlag

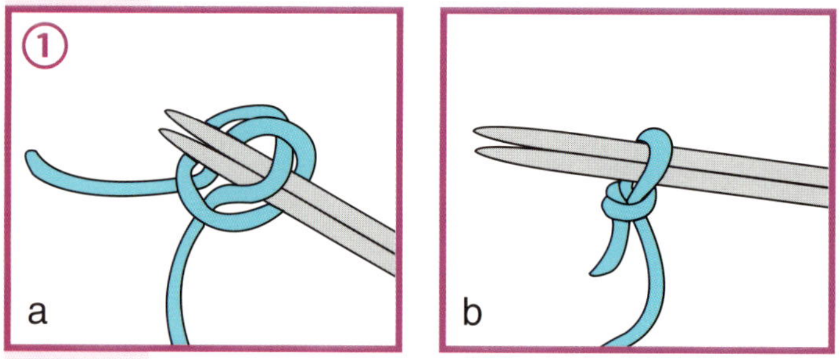

① Für eine elastische Anschlagskante die Maschen mit zwei Nadeln auffassen. Fadenende dreimal so lang, wie das spätere Strickstück breit wird, hängen lassen. Hier eine Schlinge legen: Den unten liegenden Faden (führt zum Fadenende) auffassen und nach oben ziehen (a). Die beiden Fäden unter den Nadeln festziehen, die erste Masche liegt auf den Nadeln (b).

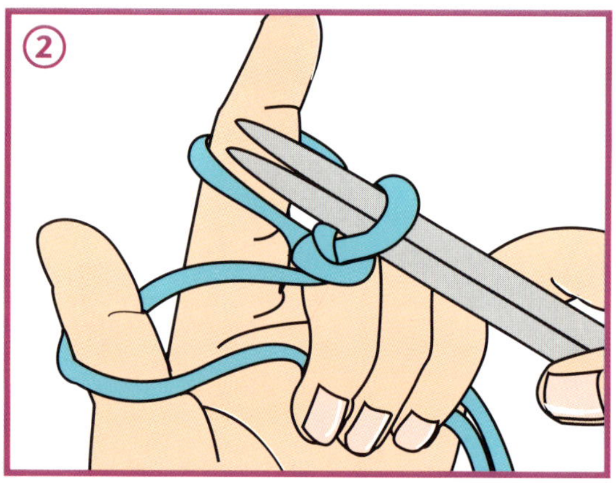

② Daumen und Zeigefinger der linken Hand spreizen, die Nadeln mit der ersten Masche dazwischenlegen. Den Faden, der zum Wollknäuel führt, von vorn nach hinten um den Zeigefinger legen und mit Mittel-, Ring- und kleinem Finger festhalten (= Zeigefingerfaden). Den Faden, der zum Fadenende führt, von hinten nach vorn um den Daumen legen und ebenfalls mit Mittel- Ring- und kleinem Finger festhalten.

③ Die Fäden dabei straff ziehen. Mit beiden Spitzen der Nadeln unter den Daumenfaden fahren, dabei darauf achten, daß die anderen Fäden straff gespannt bleiben. Der Zeigefinger der rechten Hand hält bei diesem Vorgang die erste Masche auf den Nadeln fest.

④ Mit den Spitzen der Nadeln unter den Zeigefingerfaden fahren und diesen Faden in Richtung des Daumens ziehen. Auch hier hält der Zeigefinger der rechten Hand die erste Masche auf den Nadeln fest.

Die Maschenreihe des Anschlags wird als Hinreihe oder erste Reihe, die danach folgende Reihe beim ersten Abstricken als Rückreihe oder zweite Reihe bezeichnet.

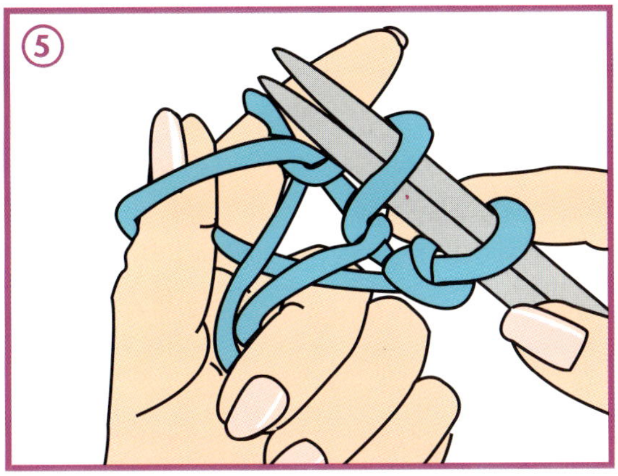

⑤ Den Zeigefingerfaden unter dem Daumenfaden hindurch als Schlinge nach vorne und weiter nach oben ziehen. Den Daumen dann aus der Schlinge des Daumenfadens herausziehen. Diese zweite Masche unterhalb der Nadeln durch Ziehen der beiden Fäden fixieren.

⑥ Die beiden Nadeln erneut zwischen Daumen und Zeigefinger legen: Der Faden, der von den Nadeln hinter den Daumen führt, überkreuzt dabei den Daumenfaden, der zum Fadenende führt. Mit den Nadelspitzen unter den Daumenfaden (Fadenende) fahren und dann den Zeigefingerfaden durch diese Schlinge durchziehen.
Daumenfaden erneut aus der Schlinge ziehen und die nächste Masche auf den Nadeln festziehen. Diesen Vorgang so oft wiederholen, bis sich die gewünschte Maschenzahl auf den Nadeln befindet.
⑦ Hier liegt der fertige Maschenanschlag auf den Nadeln. Für den

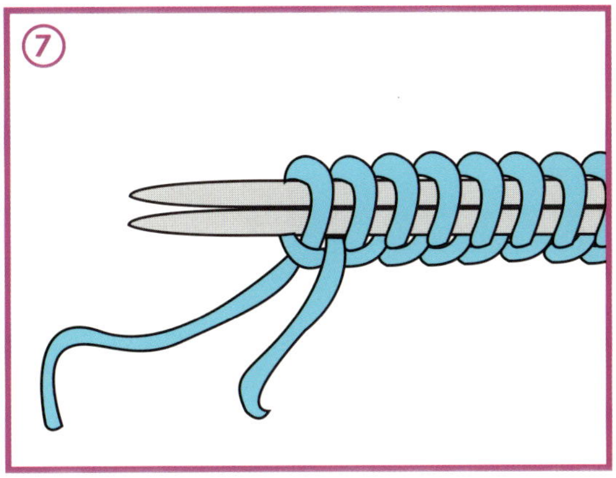

Anschlag immer zwei Nadeln benutzen, dadurch wird die Anschlagskante sehr viel elastischer. Zuletzt eine Nadel vorsichtig herausziehen.

Achten Sie beim Kreuzanschlag darauf, daß die Knötchen unterhalb jeder Masche gleichmäßig festgezogen werden; das ergibt eine schöne und regelmäßige Kante.

Anschlagen

Anschlag durch Häkeln

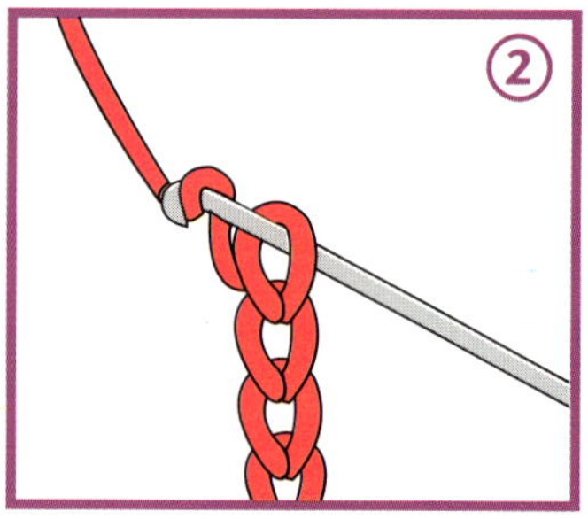

① Etwa 10 cm vom Fadenende entfernt eine Schlinge legen. Mit einer der Garnstärke entsprechenden Häkelnadel den unten liegenden Faden (führt zum Fadenende) auffassen und nach oben durch die Schlinge ziehen. Garnenden unter der Masche festziehen.
② Das Garn mit der Häkelnadel immer wieder durch die letzte Masche ziehen, so daß eine Luftmaschenkette entsteht. Darauf achten, daß die Kettenglieder gleichmäßig groß sind. Etwa zehn Luftmaschen mehr anschlagen als später beim Stricken Maschen benötigt werden.

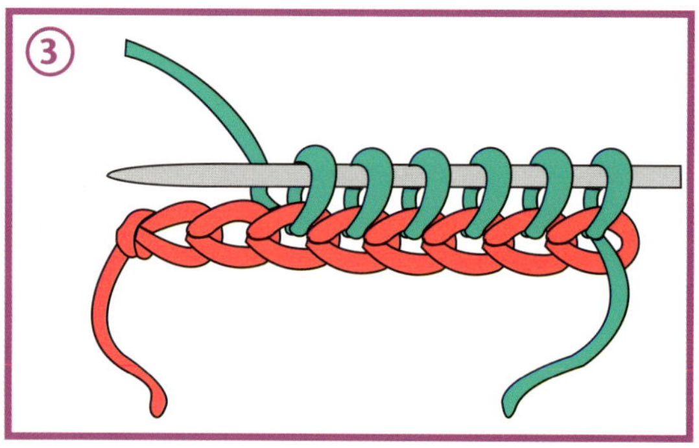

③ Mit zwei bis drei Maschen Abstand zur letzten Luftmasche mit der Stricknadel durch ein Glied der Häkelmasche stechen und den dahinterliegenden Faden durchholen. Das ist die erste Masche. Vorgang so oft wiederholen, bis die gewünschte Maschenanzahl erreicht ist. Achten Sie darauf, daß das Garn der Luftmaschenkette nicht durchstochen wird.
④ Ist das Strickstück fertig, das Ende der Luftmaschenkette lösen und vorsichtig Masche für Masche auftrennen, dabei die offenen Maschen mit einer Stricknadel auffangen.

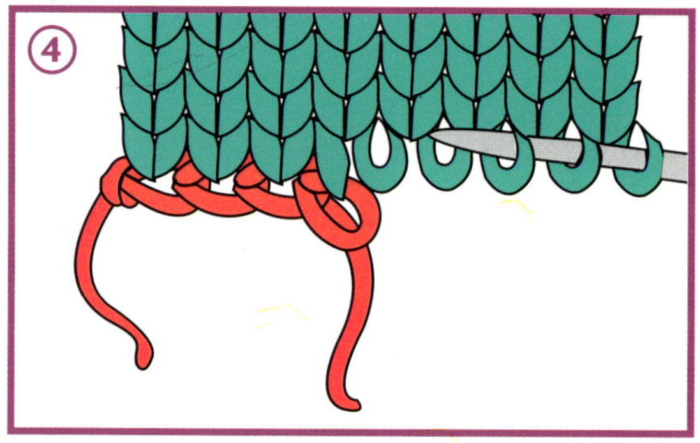

Bei dieser Art des Anschlags können Sie zum Beispiel noch ein Bündchen in entgegengesetzter Richtung anstricken. Das ist vor allem bei Kinderpullovern nützlich, die später auch verlängert werden können. Außerdem eignet sich die Kante mit offenen Maschen sehr gut für das Zusammennähen zweier Teile im Maschenstich (s. Anleitung S. 51).

Anschlagen

Anschlag durch Aufstricken

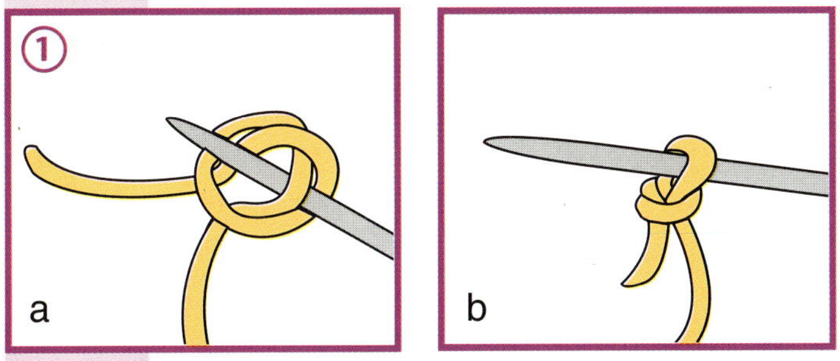

① Das Fadenende dreimal so lang, wie das spätere Strickstück breit wird, hängen lassen. An dieser Stelle eine Schlinge legen, mit einer Nadel den unten liegenden Faden (führt zum Fadenende) auffassen und nach oben ziehen (a). Die beiden Fäden unter der Nadel festziehen, die erste Masche liegt auf der Nadel (b).

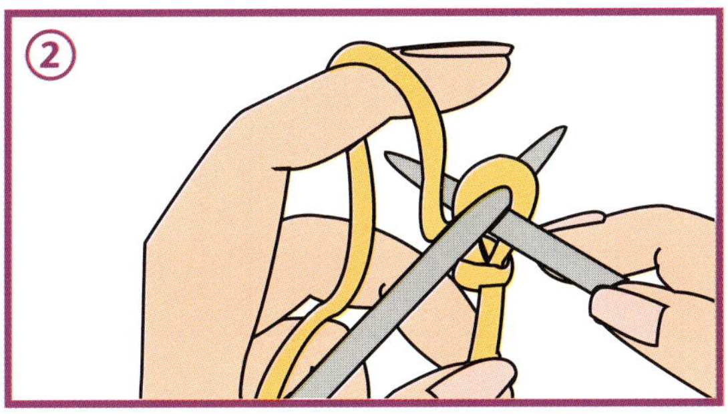

② Die Nadel mit der ersten Masche in die linke Hand nehmen, das kurze Fadenende unterhalb des Knotens zwischen Daumen und Zeigefinger festhalten. Das längere Fadenende um den Mittelfinger legen und ebenfalls zwischen Daumen und Zeigefinger festhalten. In die erste Masche mit einer zweiten Nadel einstechen.

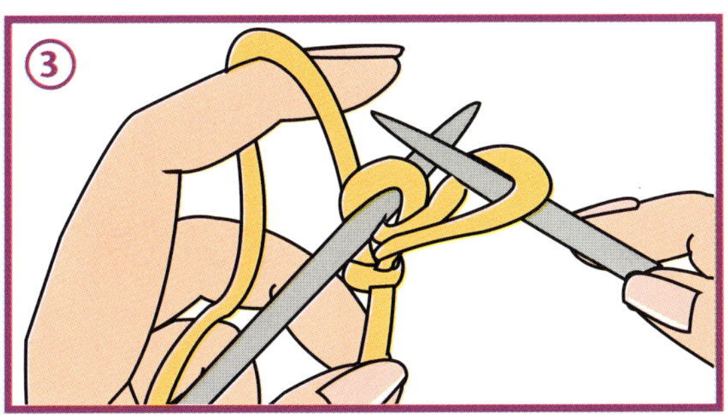

③ Den Mittelfingerfaden mit der rechten Nadel durch die erste Masche ziehen. Eine etwas größere Schlinge als die endgültige Masche bilden. Die Fadenschlinge auf die linke Nadel fädeln und für die nächste Masche erneut einstechen.

④ Bei jedem neuen Einstechen gleichzeitig den Maschenknoten unterhalb der Masche mit Daumen und Mittelfinger festziehen. Daumen und Mittelfinger halten dabei auch immer das Knötchen der letzten Masche. Auf diese Art die gewünschte Maschenzahl aufnehmen.

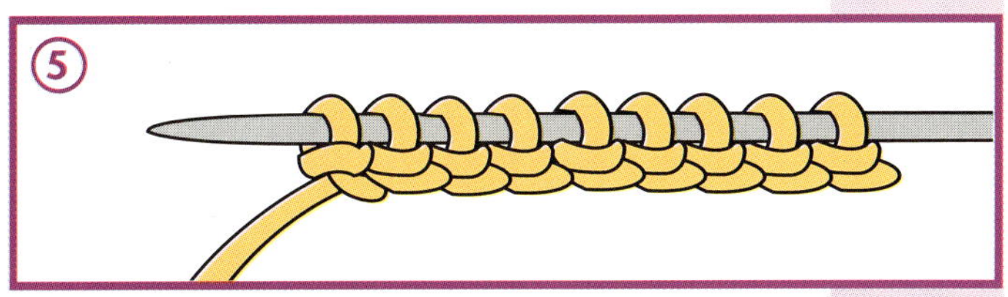

⑤ So sieht der fertige Anschlag durch Aufstricken aus. Der Anschlag eignet sich für Pulloverkanten, die ohne Bündchen gestrickt werden, außerdem für seitliche Zunahmen mehrerer Maschen.

Die Anschlagmaschen werden als Hinreihe oder erste Reihe, die Reihe beim Abstricken als Rückreihe oder zweite Reihe bezeichnet.

Anschlagen

Italienischer Anschlag, 1 rechts/1 links

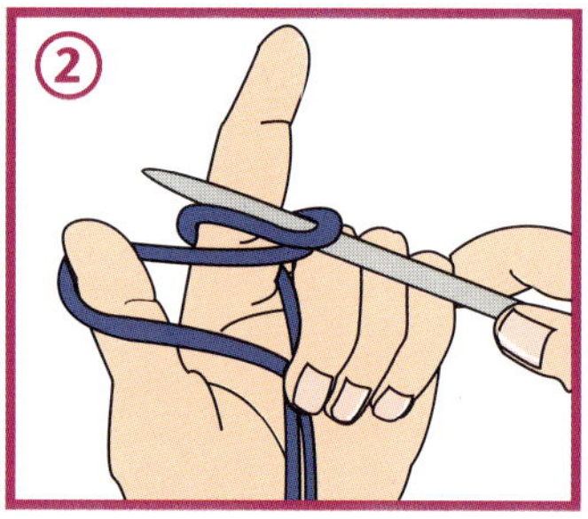

① Den Faden über die Nadel legen, dabei muß das hintere Fadenende ca. dreimal so lang sein, wie das endgültige Strickstück breit ist. Fäden unter der Nadel so kreuzen, daß das Fadenende, das hinter der Nadel liegt, nach vorne über den vorderen Faden gelegt wird.
② Die Fadenschlinge mit der Nadel zwischen Daumen und Zeigefinger der linken Hand legen, den untenliegenden Daumenfaden zwischen Daumen und Zeigefinger um den Daumen nach vorn legen und mit dem Mittelfinger festhalten. Den obenliegenden Faden zwischen Daumen und Zeigefinger um den Zeigefinger herum und zwischen Zeigefinger und Mittelfinger nach vorn zur Handfläche führen. Faden ebenfalls mit dem Mittelfinger festhalten.

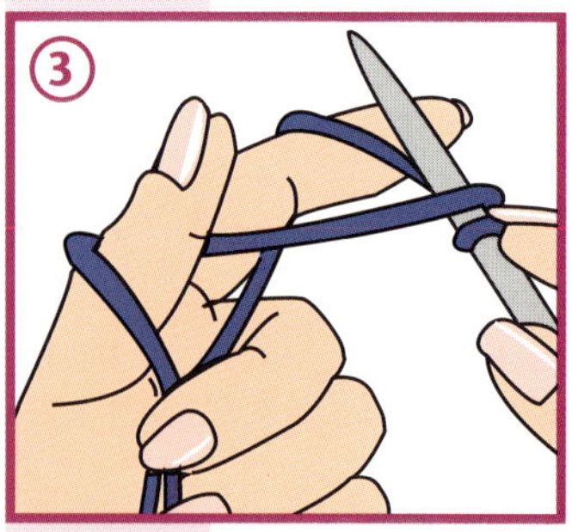

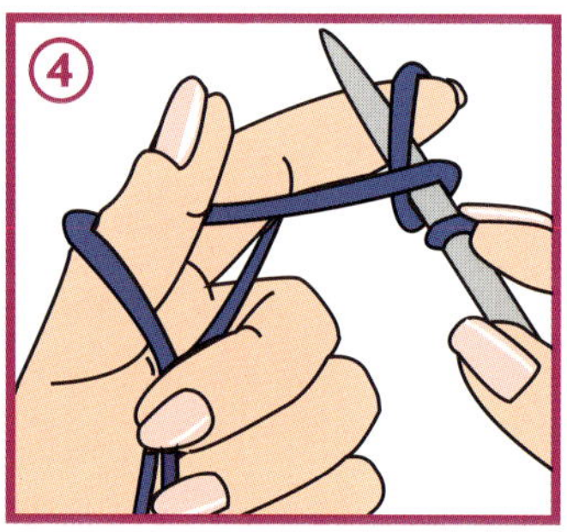

③ Daumen und Zeigefinger der rechten Hand fixieren die Fadenschlinge auf der Stricknadel. Wenn wie hier mit dem Daumenfaden begonnen wird, liegt neben der Randmasche (= erste Fadenschlinge auf der Nadel) immer eine rechte Masche. Liegt das Fadenkreuz andersherum, muß mit dem Zeigefingerfaden begonnen werden. Dann liegt neben der Randmasche eine linke Masche.
Die Nadelspitze von vorn unter dem Daumenfaden hindurchführen und in der Mitte zwischen Daumen und Zeigefinger hochführen.
④ Die Nadelspitze über dem Zeigefingerfaden hinwegführen und den Zeigefingerfaden als Schlinge unter dem Daumenfaden hindurch nach vorn holen.

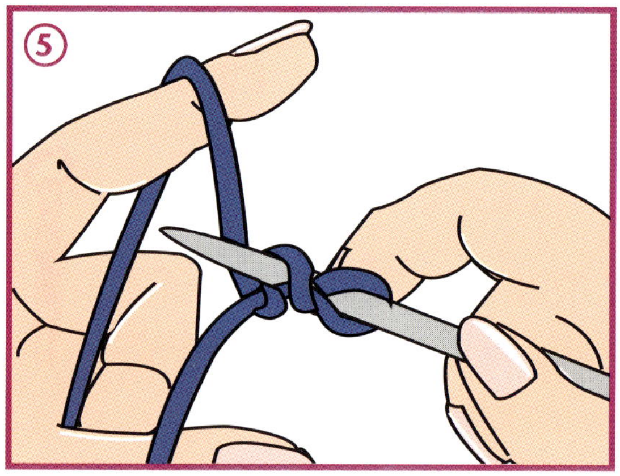

⑤ Diese Schlinge nun zwischen Daumen und Zeigefinger nach oben holen. Die erste Masche (neben der Schlinge als Randmasche) liegt auf der Nadel, sie ist gut als rechte Masche zu erkennen.

Für ein besonders schönes Endergebnis des italienischen Anschlags ist es wichtig, daß Anschlag und die ersten vier Reihen oder Runden mit einer Nadelstärke gestrickt werden, die eine halbe Nummer dünner ist als die Nadel, die anschließend für das Bündchen verwendet wird.

Anschlagen

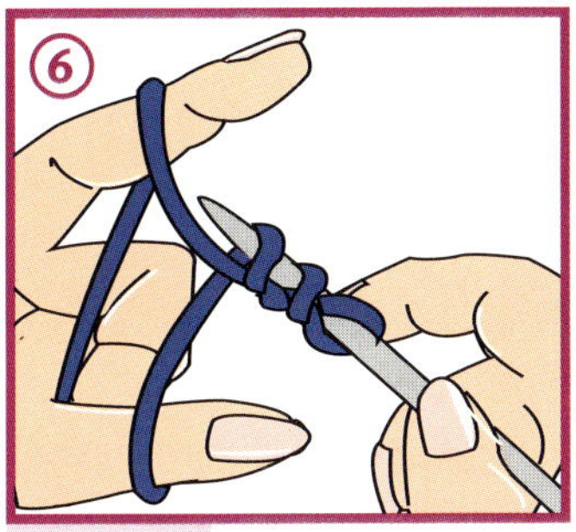

⑥ Der Zeigefingerfaden liegt jetzt unter dem Daumenfaden. Mit der Nadelspitze über den Zeigefingerfaden unter diesem hindurchfassen und zwischen Zeigefinger und Daumen nach oben ziehen.
Die Nadelspitze anschließend über den Daumenfaden führen und den Daumenfaden unter dem Zeigefingerfaden hindurch als Schlinge nach hinten ziehen. Jetzt liegt die zweite Masche neben der Randmasche als linke Masche auf der Nadel.
⑦ Den Arbeitsvorgang ab Punkt 3 fortlaufend wiederholen, bis die gewünschte Maschenanzahl erreicht ist. Der Unterschied zwischen rechten und linken Maschen ist mit ein bißchen Übung

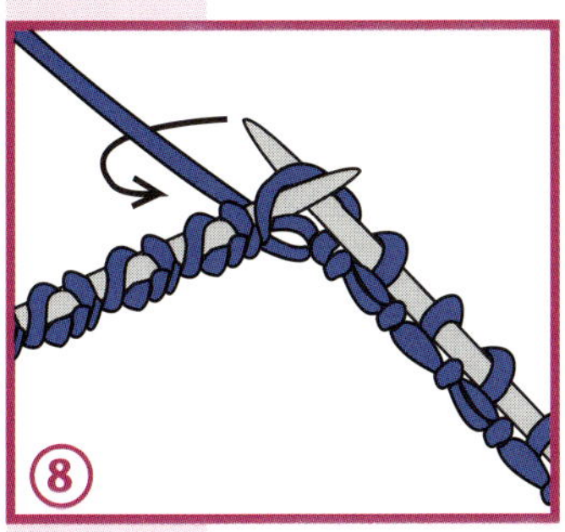

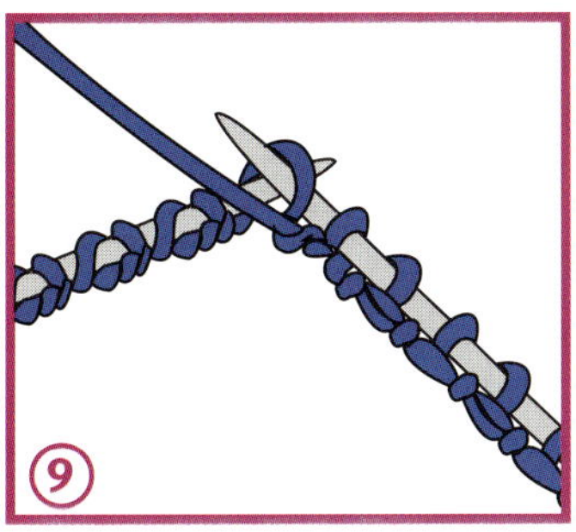

deutlich zu erkennen. Allerdings ist es nicht möglich, zwei rechte oder zwei linke Maschen nacheinander anzuschlagen.
Wenn Sie noch etwas unsicher im Erkennen der Maschen sind, müssen Sie sich deshalb nur merken, ob die erste Masche nach der Randmasche eine rechte oder eine linke war.

⑧ In der ersten Rückreihe nach dem Anschlag die rechten Maschen rechts verschränkt abstricken:
Mit der rechten Nadelspitze von vorn nach hinten hinter der linken Nadel in die Masche einstechen und den Faden als Masche auf die rechte Nadel abstricken.
⑨ Die linken Maschen des Anschlags werden in der ersten Reihe nur abgehoben, das heißt, von vorn in die Masche einstechen und auf die rechte Nadel abheben, der Faden wird dabei vor der Nadel entlanggeführt.
In den drei folgenden Reihen die Maschen im Rhythmus eine Masche rechts, eine Masche links stricken. Hier ist der italienische Anschlag abgeschlossen. Danach die Nadelstärke wechseln und das Bündchen in der gewünschten Höhe stricken.

Der italienische Anschlag und auch das italienische Abketten (s. S. 30) ist die schönste Art, ein Strickstück zu beginnen und zu beenden. Er hat das Aussehen eines maschinengestrickten Anschlags und ist außerdem extrem elastisch.

Anschlagen

Italienischer Anschlag, 2 rechts/2 links

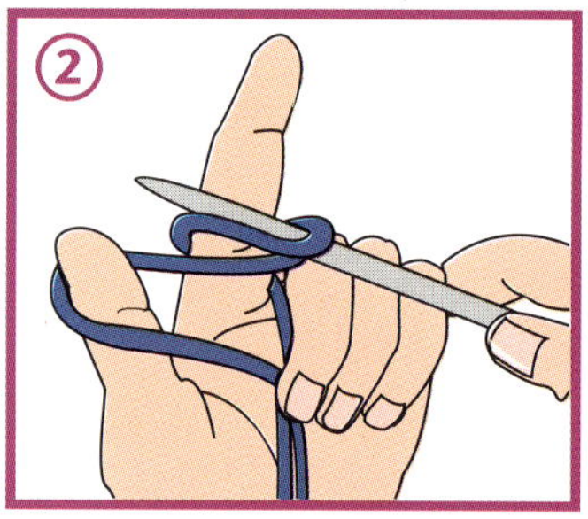

① Den Faden über die Nadel legen, dabei muß das hintere Fadenende etwa dreimal so lang sein, wie das endgültige Strickstück breit ist. Die Fäden unter der Nadel so kreuzen, daß das Fadenende, das hinter der Nadel liegt, nach vorne über den vorderen Faden gelegt wird. Der unter dem Fadenkreuz liegende Faden wird nach vorn um den Daumen gelegt, der obenliegende Faden wird um den Zeigefinger gewickelt.
② Die Fadenschlinge mit der Nadel zwischen Daumen und Zeigefinger der linken Hand legen, den untenliegenden Daumenfaden zwischen Daumen und Zeigefinger um den Daumen nach vorne legen und mit dem Mittelfinger festhalten. Den obenliegenden Faden zwischen Daumen und Zeigefinger um den Zeigefinger herum legen und zwischen Zeigefinger und Mittelfinger nach vorne zur Handfläche führen. Den Faden ebenfalls mit dem Mittelfinger festhalten.

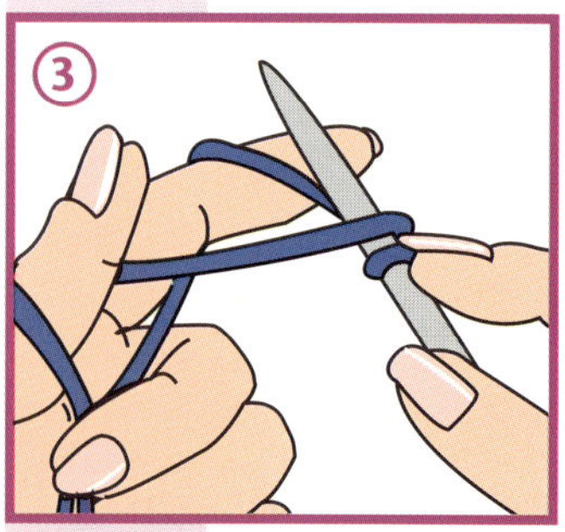

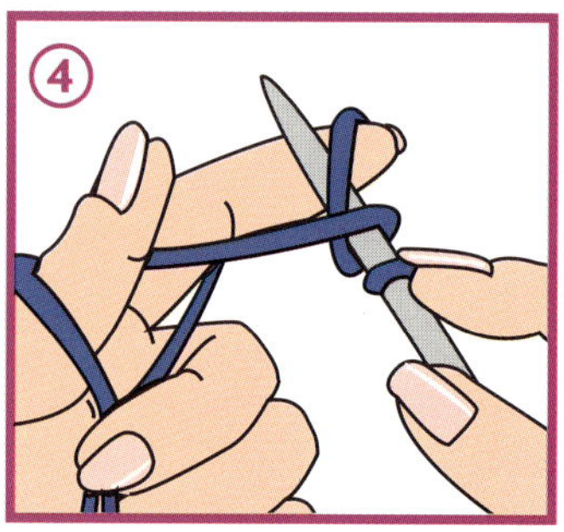

③ Daumen und Zeigefinger der rechten Hand fixieren die Schlinge auf der Stricknadel. Wird wie hier mit dem Daumenfaden begonnen, liegt neben der Randmasche (= erste Fadenschlinge auf der Nadel) immer eine rechte Masche. Liegt das Fadenkreuz andersherum, wird mit dem Zeigefingerfaden begonnen; neben der Randmasche liegt dann eine linke Masche.
Nadel von vorn unter dem Daumenfaden hindurchführen und zwischen Daumen und Zeigefinger hochführen.
④ Nadelspitze über dem Zeigefingerfaden hinwegführen und ihn als Schlinge unter dem Daumenfaden hindurch nach vorne holen.
⑤ Zwischen Daumen und Zeigefinger nach oben kommen. Die erste Masche (neben der Randmasche) ist als rechte Masche auf der Nadel erkennbar.

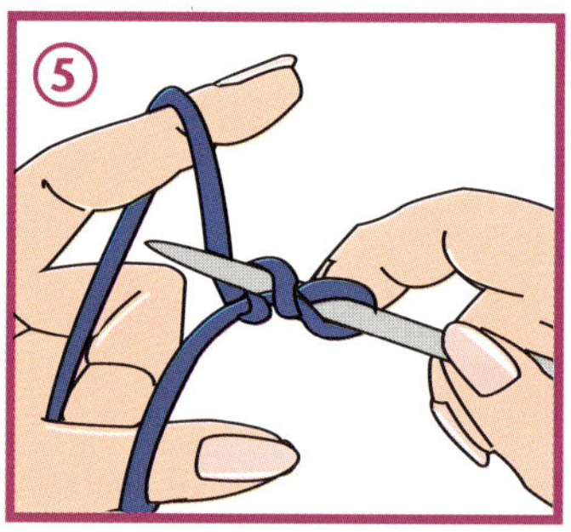

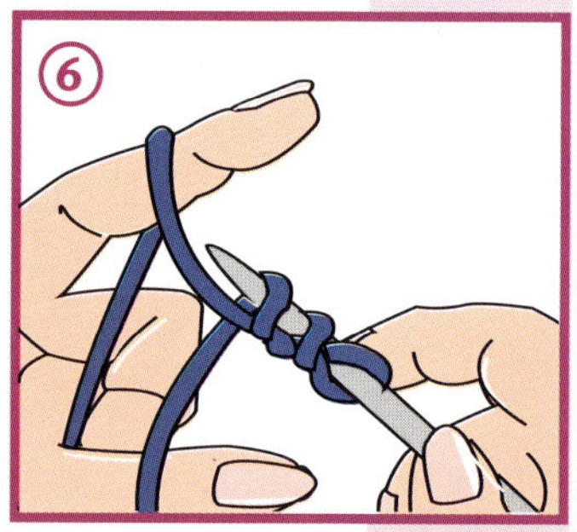

⑥ Der Zeigefingerfaden liegt jetzt unter dem Daumenfaden. Mit der Nadelspitze über den Zeigefingerfaden unter diesem hindurchfassen und zwischen Zeigefinger und Daumen nach oben ziehen. Die Nadelspitze anschließend über den Daumenfaden führen und den Daumenfaden unter dem Zeigefingerfaden hindurch als Schlinge nach hinten ziehen. Jetzt liegt die zweite Masche neben der Randmasche als linke Masche auf der Nadel.

⑦ Den Arbeitsvorgang ab Punkt 3 fortlaufend wiederholen, bis Sie die gewünschte Maschenanzahl erreicht

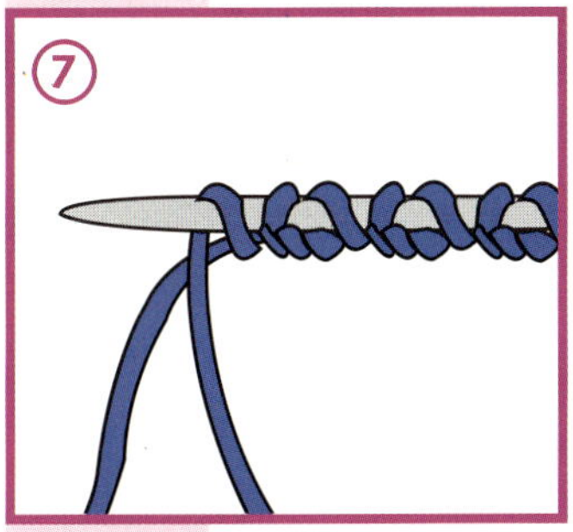

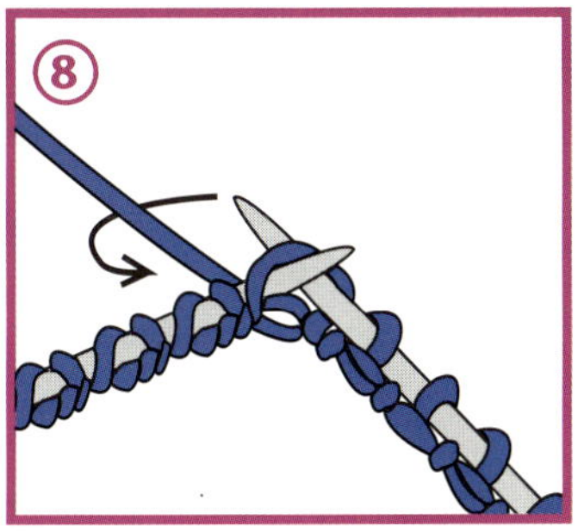

haben. Der Unterschied zwischen rechten und linken Maschen ist mit ein bißchen Übung deutlich zu erkennen, außerdem ist es nicht möglich, zwei rechte oder zwei linke Maschen nacheinander anzuschlagen. Sie müssen sich deshalb in erster Linie merken, ob die erste Masche nach der Randmasche eine rechte oder eine linke war.

⑧ In der ersten Rückreihe nach dem Anschlag die rechten Maschen rechts verschränkt abstricken, d.h., mit der rechten Nadelspitze von vorne nach hinten hinter der linken Nadel in die Masche einstechen und den Faden als Masche auf die rechte Nadel abstricken.

⑨ Die linken Maschen des Anschlags werden in der ersten Reihe nur abgehoben, das heißt, von vorne in die Masche einstechen und auf die rechte Nadel abheben, der Faden wird dabei vor der Nadel entlanggeführt. In den

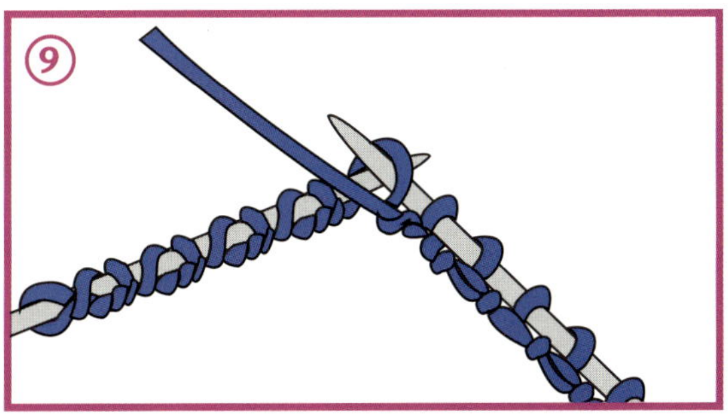

drei folgenden Reihen im Eins-Rechts-/Eins-Links-Rhythmus stricken.

⑩ Ab der vierten Reihe Wechsel in das Zwei-Rechts-/Zwei-Links-Muster: Die erste Masche rechts stricken, die nächste linke übergehen und in die nächste rechte Masche von vorne einstechen.

⑪ Den Faden wie beim Rechtsstricken durchholen und auf die rechte Nadel ziehen, die abgestrickte rechte Masche aber auf der linken Nadel liegenlassen.

⑫ Jetzt die linke Masche vor der gerade abgestrickten Rechtsmasche links abstricken, dann die beiden Maschen auf die rechte Nadel nehmen.

⑬ Jetzt die nächste Masche links stricken.

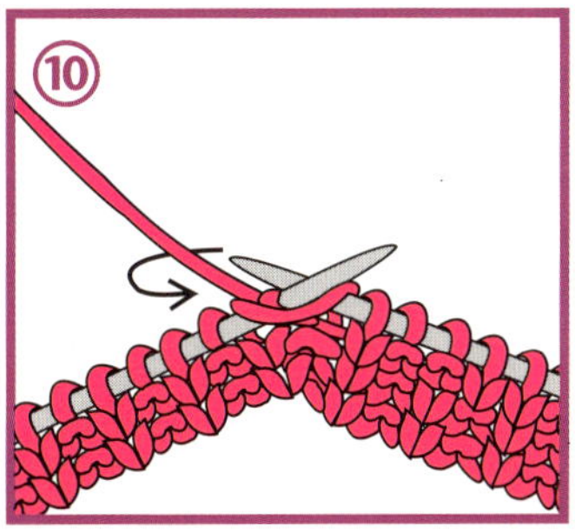

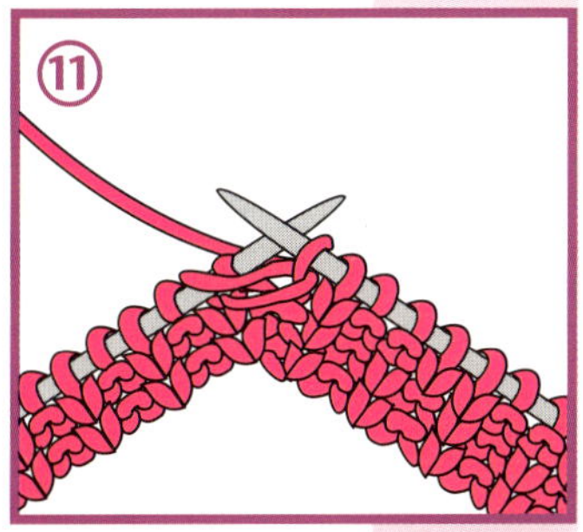

Am Ende dieser Reihe oder Runde erhält man einen durchgehenden Maschenrhythmus von zwei rechten und zwei linken Maschen.

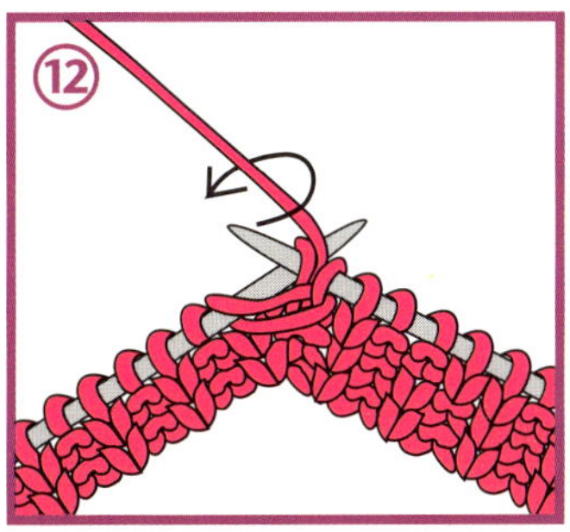

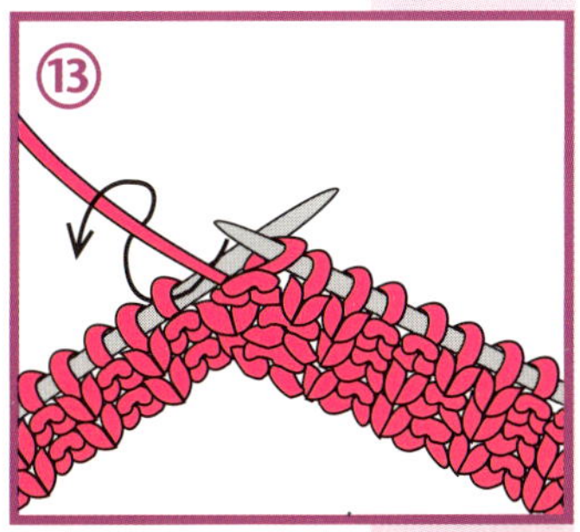

Anschließend die Nadelstärke auf eine halbe Nummer größer wechseln und das Bündchen in der entsprechenden Höhe fertigstricken.

Anschlagen

Anschlag auf ein Nadelspiel

Für den Anschlag von rundgestrickten Strickstücken wie Socken, Schals oder Handschuhen wird ein Nadelspiel benötigt, also fünf gleich große und gleich starke Stricknadeln.

① Für den Kreuzanschlag ein Viertel der gesamten erforderlichen Maschenanzahl auf die erste Nadel aufschlagen, also z.B. bei 44 Maschen insgesamt elf Maschen.

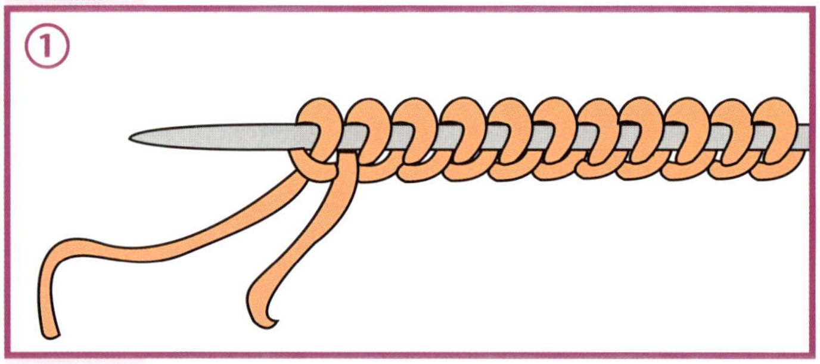

② Dann mit der zweiten Nadel direkt im Anschluß an die erste die nächsten elf Maschen anschlagen. Die Fäden zwischen den Nadeln müssen dabei möglichst genauso kurz bleiben wie zwischen den einzelnen Maschen.
Alle Maschen auf vier Nadeln des Nadelspiels verteilt anschlagen.
Die Nadeln zur Runde zusammenlegen, dabei muß die rechte Seite des Anschlags bei allen vier Nadeln auf der Außenseite liegen.
Die erste Runde im Bündchenmuster stricken, dabei mit der fünften Nadel die Maschen der ersten Nadel im Anschluß an die letzte Masche des Anschlags auf der vierten Nadel abstricken. Nach dem Abstricken der ersten Nadel ist wieder eine Nadel übrig zum Abstricken der nächsten Maschen. So liegen am Ende des Anschlags die Maschen auf den vier Nadeln verteilt.

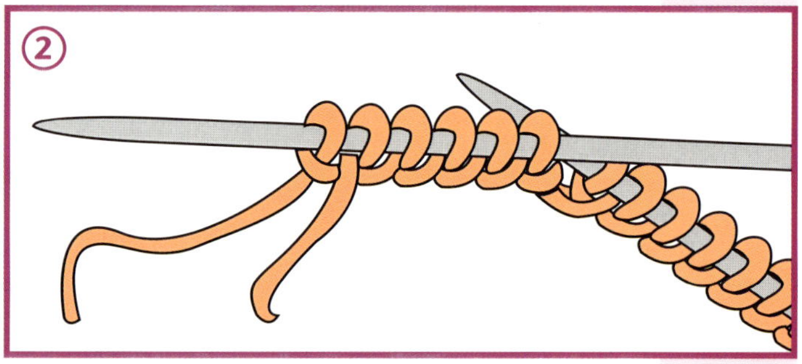

Mit einem Nadelspiel können die Maschen auch italienisch angeschlagen werden:
Alle Maschen auf einer Nadel (mit einer halben Nadelstärke dünner als angegeben) anschlagen und die erste Reihe nach dem Anschlag zurückstricken, dabei die Maschen auf vier Nadeln verteilen. Die rechten Maschen werden in dieser Reihe rechts verschränkt gestrickt, die linken Maschen abgehoben, wobei der Faden vor der Masche entlanggeführt wird. Am Ende die Maschen zur Runde schließen. In der ersten Runde die rechten Maschen links abheben und den Faden hinter der Masche entlangführen, die linken Maschen links abstricken.
Die erste und zweite Runde noch einmal wiederholen, dabei die rechten Maschen normal abstricken. Mit der normalen Nadelstärke das Bündchen fortsetzen.

Abketten

Durch Überziehen

Alle Strickstücke, die glatt rechts oder mit rechtsmaschigem Grundmuster gestrickt sind, werden auf der rechten Seite abgekettet.
① Die Randmasche rechts abheben, die nächste Masche rechts stricken.

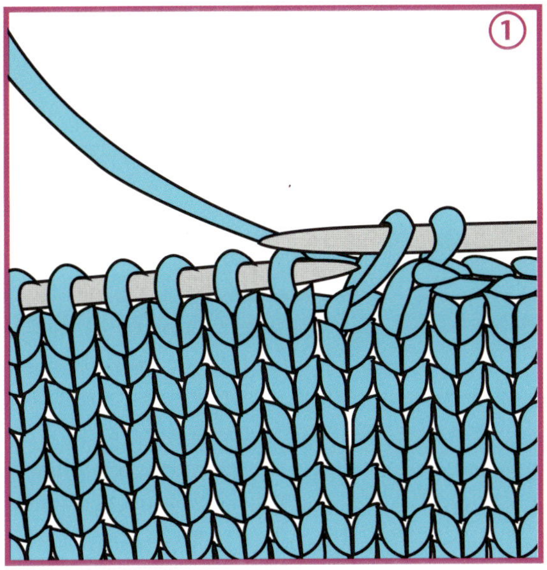

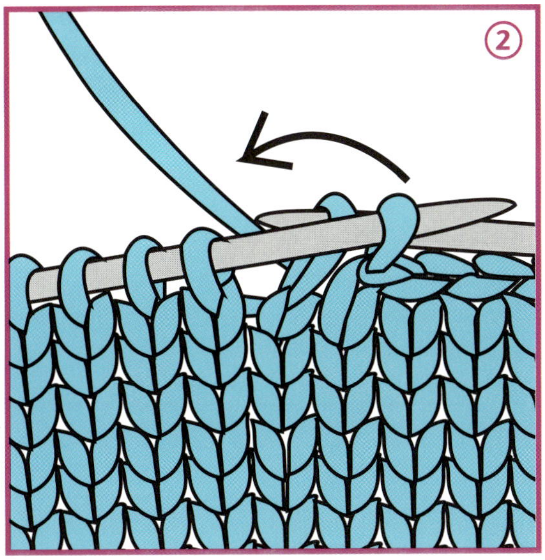

② Mit der linken Stricknadel in die Randmasche von links nach rechts einstechen und die erste Masche über die zweite überziehen. Die übergezogene Masche von der Nadel gleiten lassen. Die nächste Masche rechts stricken und die erste Masche auf der rechten Nadel wieder über die zweite überziehen. Diesen Vorgang so oft wiederholen, bis alle Maschen abgekettet sind.
Bei der letzten Masche den Faden ca. 15 cm lang abschneiden und durch die Masche ziehen.

Diese Art des Abkettens ist die weitverbreitetste, die auch in Schulen gelehrt wird. Sie eignet sich vor allem für Kanten. Blenden oder Halsabschlüsse dagegen gelingen nach der italienischen Abkettmethode perfekt.

Ist ein Strickstück glatt links gestrickt oder hat es ein hauptsächlich links gestricktes Grundmuster, werden die Maschen mit links gestrickten Maschen abgekettet.
Kraus rechts gestrickte Stücke wiederum werden von der linken Strickseite mit rechten Maschen abgekettet.

Abketten

Durch Zusammenhäkeln

Strickteile können auch mit einer Häkelnadel abgekettet werden. Das Ergebnis gleicht dem Abketten durch Überziehen mit rechten Maschen.

① Die Häkelnadel von rechts nach links durch zwei Maschen hindurchstechen. Mit dem Häkchen der Nadel den Faden durch beide Maschen als Schlinge durchholen.

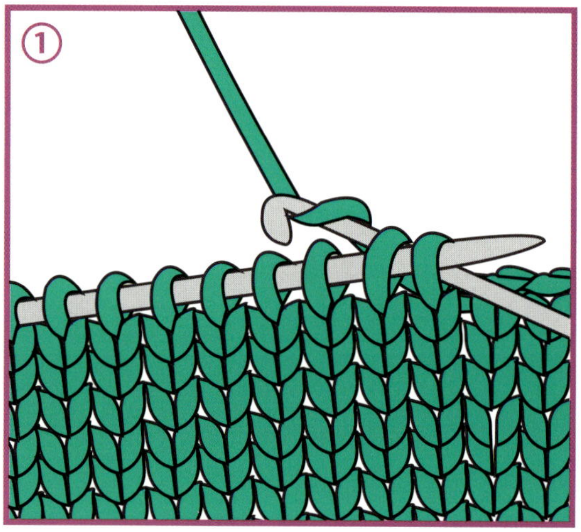

② Die Schlinge bleibt als Masche auf der Häkelnadel liegen. Mit der Häkelnadel durch die nächste Masche von rechts nach links stechen, den Faden holen und durch beide Maschen durchziehen.
Den Vorgang so oft wiederholen, bis alle Maschen abgekettet sind. Bei der letzten Masche den Faden ca. 15 cm lang abschneiden und mit der Häkelnadel durch die letzte Masche ziehen.

Beim Abketten durch Häkeln darauf achten, daß der Faden möglichst gleichmäßig und dabei nicht zu fest angezogen wird. Dann zieht die Abschlußkante nicht ein und bleibt außerdem elastisch.

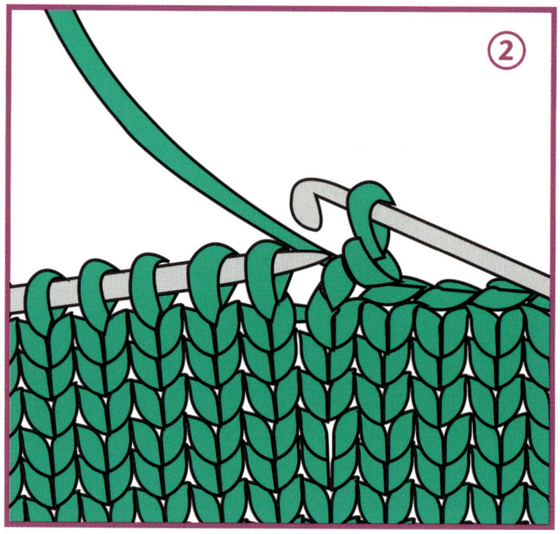

Übrigens...

Baumwolle wächst an den Samenkörnern des Baumwollstrauches. Die beste Baumwolle, die weiterverarbeitet wird, kommt aus Ägypten. Diese Baumwolle hat einen natürlichen matten Glanz. Gesteigert wird dieser Glanz durch die sogenannte Ausrüstung, z.B. Mercerisierung. Diese Behandlung wird bei Strickgarnen meistens auf der Banderole genannt, z.B. durch die Bezeichnung »mercerisierte Baumwolle«.
Strickwaren aus Baumwolle haben einen weichen und angenehmen Griff und behalten ihre Form auch nach dem Waschen. Besonders gern werden Baumwollgarne für Sommerpullis verarbeitet, da Baumwolle sehr schnell viel Feuchtigkeit aufnehmen kann. Für empfindliche Babyhaut ist die glatte und weiche Baumwolle angenehmer als Schurwolle.
Wer nicht sicher ist, ob Strickgarn aus Baumwolle ist, macht die Brennprobe: Baumwolle flammt schnell auf, brennt mit heller Flamme und hinterläßt einen Geruch wie ver-

Abketten

Durch Zusammenstricken

Diese Art des Abkettens ist nicht so elastisch und eignet sich deshalb für alle Kanten wie Taschenblenden, Knopflöcher usw., die sich nicht dehnen sollen. Die Maschen bilden einen schöneren Abschluß, da sie vorne auf dem Strickstück sitzen.

① Die beiden ersten Maschen auf der linken Nadel rechts verschränkt zusammenstricken, d.h., in die beiden hinteren Maschenglieder der Maschen von rechts nach links einstechen und den Faden wie zum Rechtsstricken durchholen.

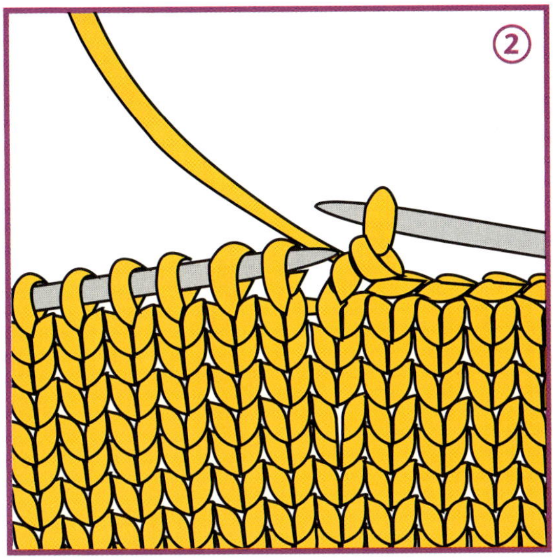

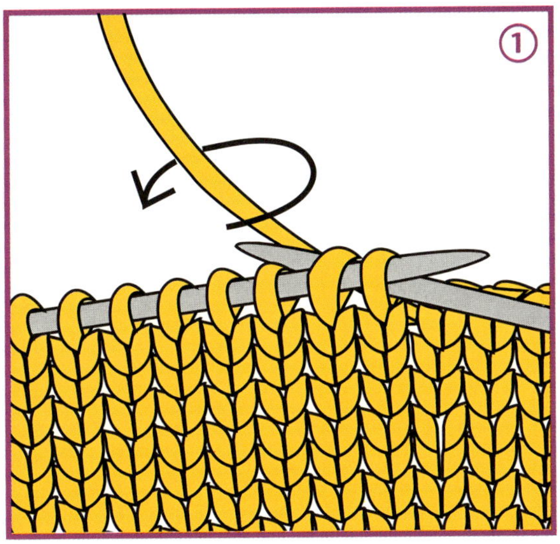

② Den Faden durch beide Maschen durchziehen. Die so entstandene Masche auf der rechten Nadel zurück auf die linke schieben. Mit der rechten Stricknadel wieder in die beiden nächsten Maschen einstechen und rechts verschränkt zusammenstricken.
Diesen Vorgang so oft wiederholen, bis alle Maschen abgekettet sind.
Bei der letzten Masche den Faden ca. 15 cm lang abschneiden und mit der Stricknadel durchziehen.

Übrigens...

Wolle wird durch Schur vom gesunden lebenden Schaf gewonnen. Die Feinheit der verschiedenen Wollsorten wird unter anderem durch die Schafrasse bestimmt, besonders fein ist Lammwolle, die durch die erste Schur nach 6 Monaten gewonnen wird.
Nach der Schur wird das Wollvlies in vier Qualitäten unterteilt. Daraufhin entfernt man in schonenden Waschverfahren die Verschmutzungen und das Wollfett (Lanolin).
Anschließend werden die Fasern durch spezielle Spinntechniken zu feinen oder voluminöseren Garnen versponnen, ganz unregelmäßig ist die handgesponnene Wolle.
Wolle kann etwa ein Drittel ihrer Masse an Feuchtigkeit aufnehmen, ohne sich feucht anzufühlen.
Außerdem wirkt sie temperaturausgleichend, was für Winterkleidung von großem Vorteil ist.

Abketten

Italienisches Abketten, 1 rechts/1 links

① Bei den letzten beiden Reihen vor dem Abketten werden die Maschen wie beim italienischen Anschlag gestrickt, d.h., die rechten Maschen rechts abstricken.

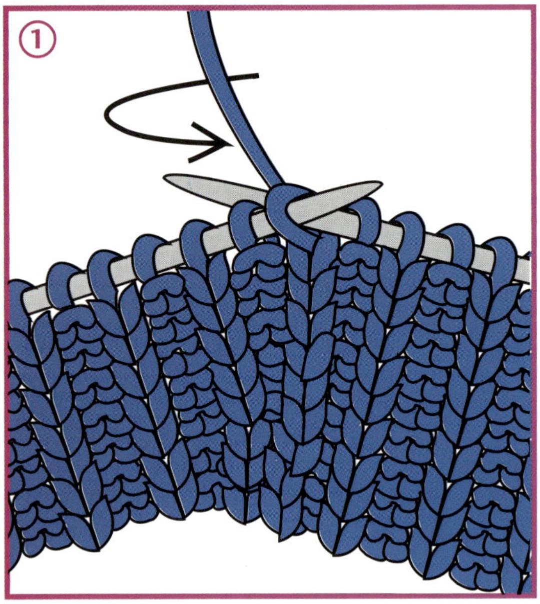

② Die linken Maschen dieser letzten beiden Reihen werden links abgehoben, der Faden wird dabei vor der abgehobenen Masche entlanggeführt.

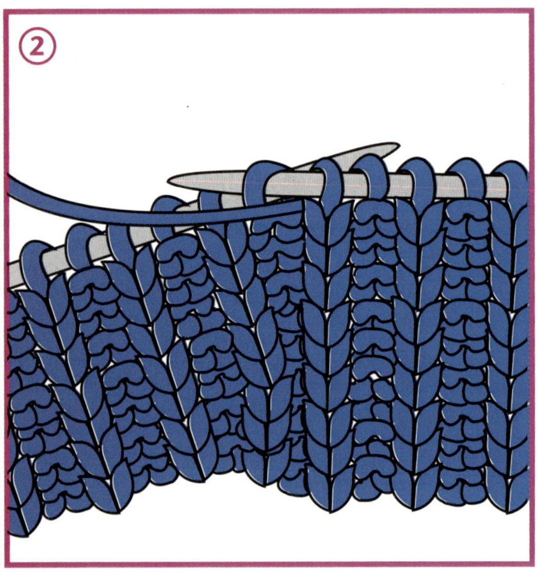

③ Das Abketten selbst ist mehr eine Art Abnähen. Dafür braucht man eine stumpfe Sticknadel.
Zunächst einen Faden abschneiden, der ca. dreimal so lang wie das Strickstück, das abgekettet werden soll, breit ist. Den Faden in die Sticknadel einfädeln und mit dem Abnähen von der rechten Seite des Strickstücks her beginnen. Wenn die erste Masche nach der Randmasche eine rechte Masche ist, die Sticknadel von rechts nach links durch die Randmasche und die folgende rechte Masche führen.

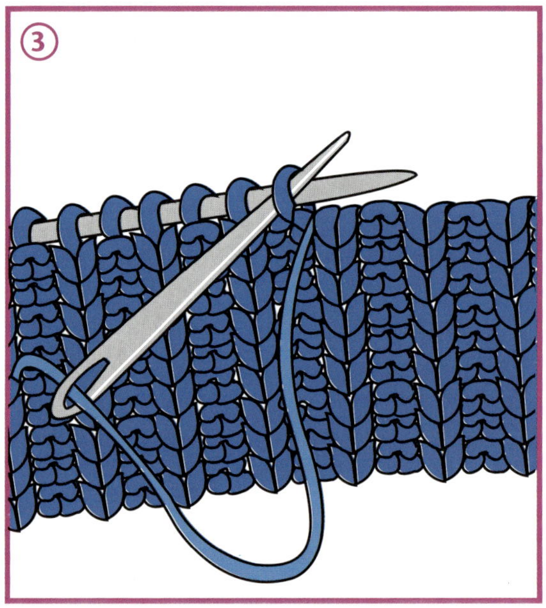

Den Faden nun fest anziehen, dabei jedoch darauf achten, daß er nicht einzieht.
(Wenn die erste Masche nach der Randmasche eine linke Masche ist, dann wird der Faden lediglich durch die Randmasche gezogen.)
Nun die Nadel durch die erste linke Masche auf der Stricknadel von links nach rechts einstechen und den Faden durchziehen.

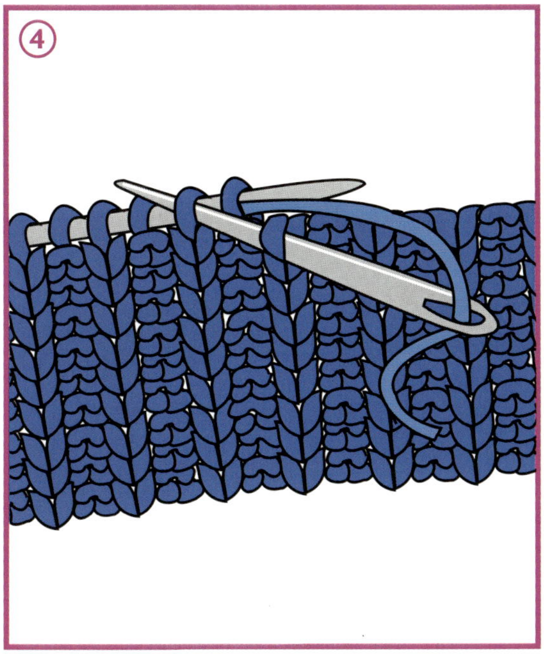

④ Mit der Nadel von rechts nach links durch das Maschenglied der vorherigen rechten Masche, die schon abgekettet ist, stechen.
Weiter mit der Nadelspitze in die zweite Masche, die auf der Stricknadel liegt (immer eine rechte Masche), einstechen und den Faden dabei anziehen.
Dabei darauf achten, daß die Sticknadel die Strickfäden nicht durchsticht, sondern immer zwischen die Maschenglieder trifft.

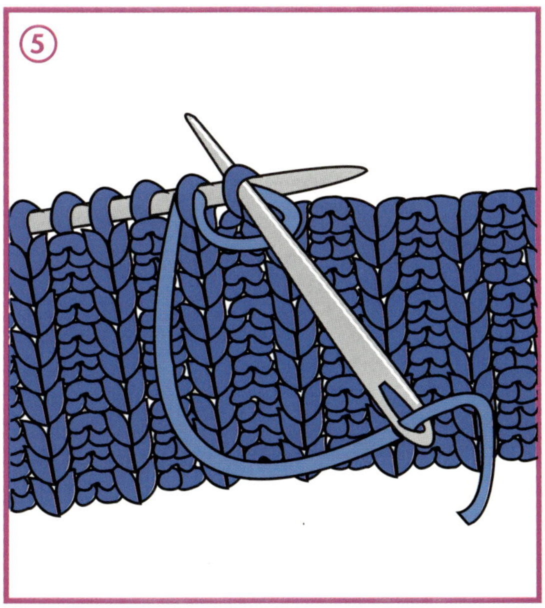

⑤ Den Faden zur rechten Seite legen und mit der Nadelspitze von rechts nach links durch die erste linke Masche, die auf der Nadel liegt, stechen. Faden gut anziehen und die Maschen von der Nadel gleiten lassen, den Abschluß dabei aber nicht einziehen.

Der perfekte Abschluß eines Halsausschnitts bzw. einer Blende ist in Ergänzung zum italienischen Anschlag (s. S. 22) das italienische Abketten. Man sollte sich nicht von der ungewohnten Methode abschrecken lassen, denn das Ergebnis lohnt sich in jedem Fall. Beim Stricken der letzten beiden Reihen vor dem Abketten sollten Nadeln benutzt werden, die eine halbe Stärke dünner sind als die für das ganze Strickstück verwendeten.

Italienisches Abketten, 2 rechts/2 links

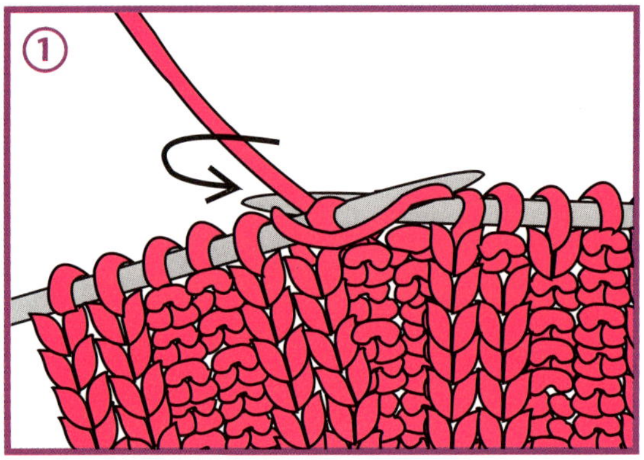

① Nach einer Masche links in das Maschenglied der übernächsten rechten Masche einstechen, um die Masche rechts zu stricken.

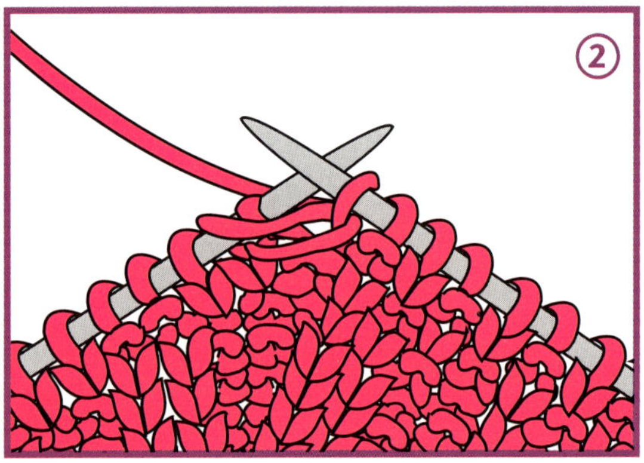

② Den Faden wie beim Rechtsstricken auf die rechte Nadel durchholen, die Masche bleibt aber auf der linken Nadel liegen.

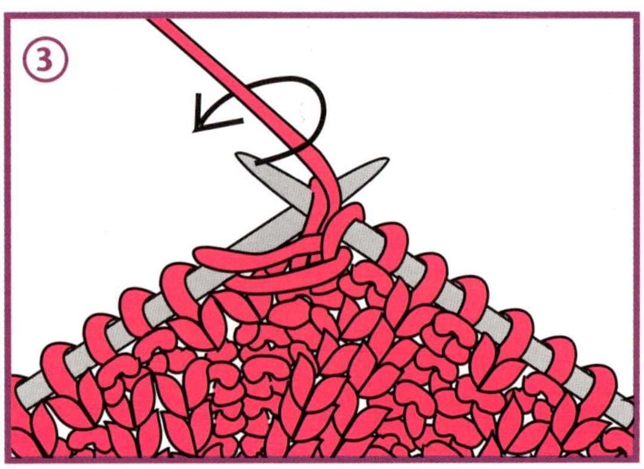

③ Die nächstliegende linke Masche, die sich noch auf der linken Nadel befindet, links stricken und beide Maschen von der Nadel gleiten lassen. Auf diese Weise fortfahren, bis die Maschen im Rhythmus eine Masche rechts, eine Masche links auf der Nadel liegen.

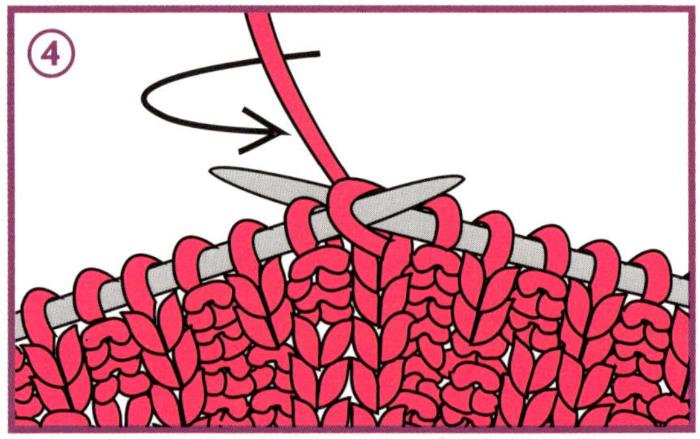

④ Nach dieser Änderung des Maschenrhythmus die Nadelstärke wie beim Anschlag wieder um eine halbe Maschenstärke verringern, mit dieser Nadelstärke die zwei nächsten Reihen stricken. Dabei die rechten Maschen rechts stricken.

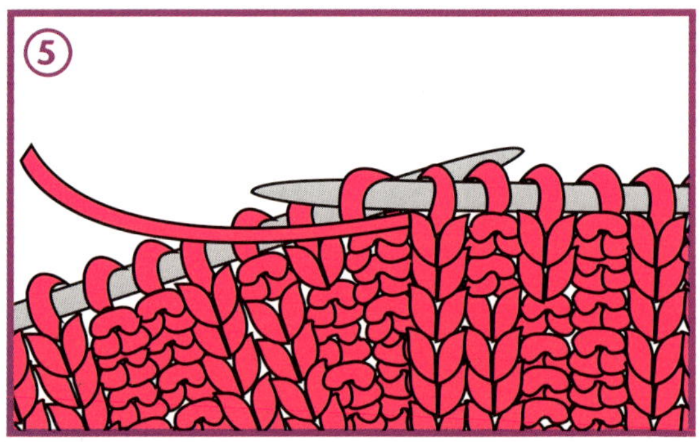

⑤ Die linken Maschen in diesen beiden Reihen werden links abgehoben, den Faden dabei vor der abgehobenen Masche entlangführen.
Nach den zwei Reihen mit dünneren Nadeln den Faden in dreifacher Länge der Strickbreite zum Abketten abschneiden.

⑥ Den Faden auf eine stumpfe Sticknadel fädeln. Die Sticknadel von rechts nach links in die Randmasche einstechen und die Masche von der Nadel gleiten lassen. Ist die nächste Masche eine rechte Masche, die Nadel auch durch diese stechen und ebenfalls von der Stricknadel gleiten lassen.
Faden fest anziehen. (Beim italienischen Abketten immer mit der linken Masche beginnen. Den Faden von links nach rechts durch das Maschenglied durchstechen.)

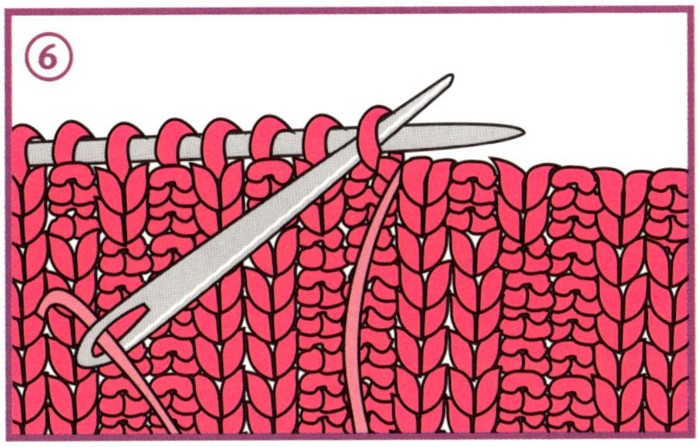

⑦ Jetzt von rechts nach links durch das Maschenglied der vorherigen rechten Masche stechen, die schon abgekettet ist. Gleichzeitig die Sticknadelspitze in das Maschenglied der nächsten rechten Masche auf der Stricknadel führen.
Darauf achten, daß der Faden nicht durchstochen wird, sondern immer sorgfältig zwischen den Maschengliedern einstechen.

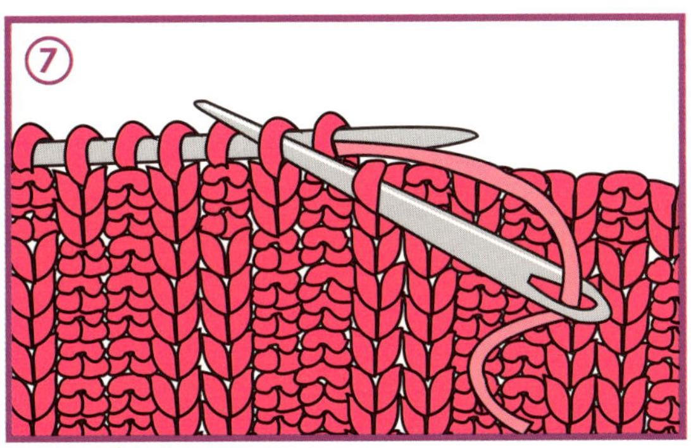

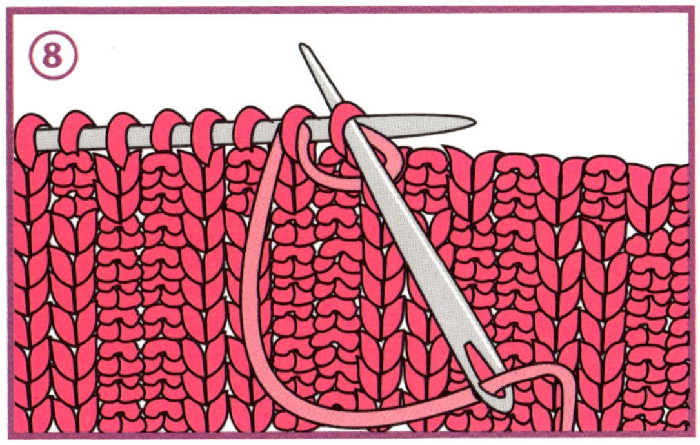

⑧ Die Sticknadel in die erste linke Masche auf der Stricknadel von rechts nach links einstechen, Faden durchziehen und dabei die beiden Maschen, also die linke und die rechte, von der Nadel gleiten lassen. Faden straff anziehen, dabei darauf achten, daß der Blendenabschluß nicht einzieht.
Alle Maschen nach den letzten drei Arbeitsschritten abketten, zum Schluß den Faden vernähen.

Wenn eine Blende im Maschenrhythmus zwei Maschen rechts, zwei Maschen links gestrickt wird, sollte sie ebenfalls italienisch abgekettet werden.
Die Arbeitsweise ist dabei die gleiche wie beim Rhythmus eine Masche rechts, eine Masche links.
Die letzten drei Reihen müssen nur entsprechend vorbereitet werden.

Maschenbilder

Rechte Maschen

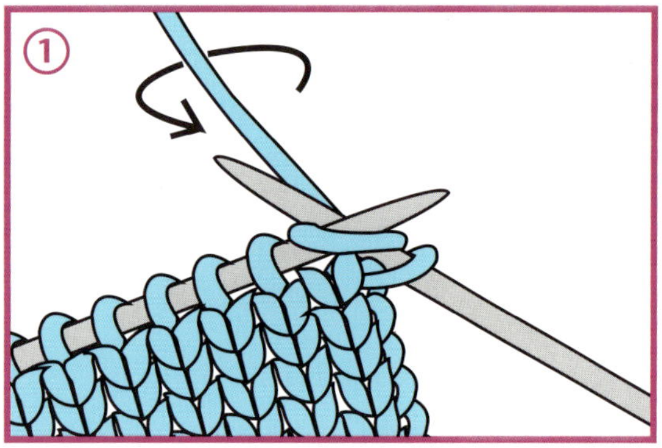

① Die Randmasche stricken. Mit der rechten Nadelspitze in das erste Maschenglied neben der Randmasche von links nach rechts einstechen. Die Nadelspitze hinter den Strickfaden von rechts nach links führen.

② Mit der rechten Nadelspitze den Faden durch das Maschenglied nach vorne durchziehen. Beim Durchziehen gleichzeitig die Masche von der linken Nadel gleiten lassen, die abgestrickte Masche liegt jetzt auf der rechten Nadel.

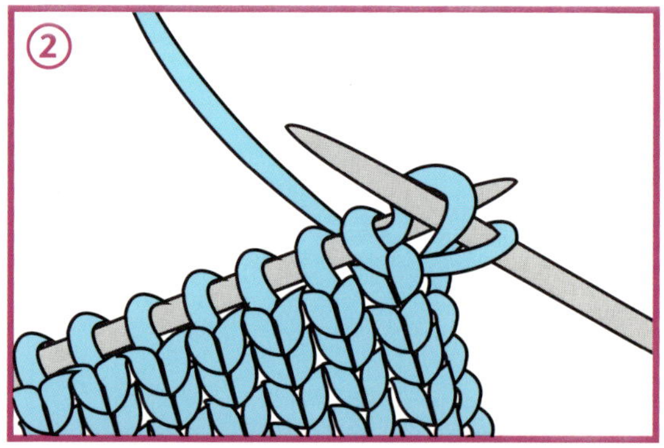

Maschenbild glatt rechts: Hinreihe rechts, Rückreihe links stricken.

Maschenbild kraus rechts: Hin- und Rückreihen immer rechts stricken.

Maschenbilder

Linke Maschen

① Die Randmasche stricken. Den Faden vor die Nadel legen und mit der rechten Nadel von rechts nach links in das Maschenglied der ersten Masche auf der linken Nadel einstechen. Die Nadelspitze der rechten Nadel vor den Strickfaden von links nach rechts und dann hinter den Strickfaden führen.

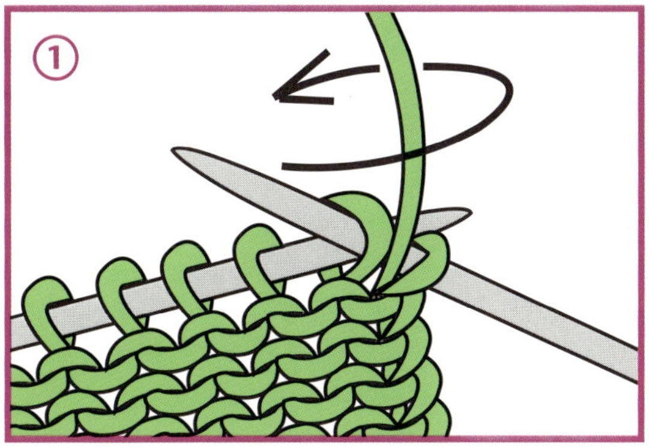

② Den Strickfaden um die rechte Nadel legen und als Schlinge nach hinten durchziehen. Gleichzeitig die abgestrickte Masche von der linken Nadel gleiten lassen, die abgestrickte Masche liegt jetzt auf der rechten Nadel.

Maschenbild glatt links: Hinreihe links, Rückreihe rechts stricken.

Bei Zu- oder Abnahmen ohne Lochbildung oder auch in bestimmten Mustern ist das Verschränktstricken von rechten oder linken Maschen erforderlich. Die abgestrickte Masche liegt dadurch verdreht auf der rechten Nadel.
Für rechts verschränkte Maschen mit der Nadel in das hinter der Nadel liegende Maschenglied von rechts nach links einstechen und den Faden wie beim Rechtsstricken durchziehen. Die Masche auf die rechte Nadel gleiten lassen.
Für links verschränkte Maschen den Faden vor die linke Nadel legen. Mit der rechten Nadel in das hinter der Nadel liegende Maschenglied von links nach rechts einstechen. Die Nadelspitze nach vorne zum Strickfaden führen, den Faden wie beim Linksstricken um die Nadel legen und durch das Maschenglied nach hinten durchziehen. Die Masche auf die rechte Nadel gleiten lassen.

Bündchen

1 rechts/1links

Die Maschenanzahl beliebig im Kreuzanschlag, italienischen Anschlag oder durch Aufstricken bzw. Häkeln anschlagen. In der ersten Rückreihe die Maschen im Rhythmus eine Masche rechts, eine Masche links stricken. In allen weiteren Runden die Maschen stricken, wie sie erscheinen. Dieses Bündchens zieht sich sehr zusammen, d.h., daß die linken Maschen auf der Vorderseite kaum zu sehen sind.

2 rechts/2 links

Maschenanschlag durch beliebige Anschlagart vornehmen. In der ersten Rückreihe die Maschen im Rhythmus zwei Maschen rechts, zwei Maschen links stricken. In allen weiteren Reihen oder Runden die Maschen stricken, wie sie erscheinen. Dieses Bündchen zieht sich nur bei dünneren Garnen zusammen, bei dickeren liegen die linken Maschen gleich stark neben den rechten.

Kraus rechts

Maschenanschlag, am besten durch Kreuzanschlag oder Aufstricken, vornehmen. Die Maschen in allen Reihen nach dem Anschlag immer rechts stricken. Dieses Bündchen ist nicht elastisch, es liegt genauso breit wie das nachfolgende Strickstück. Will man kein elastisches Bündchen, so kann diese Bündchenart sehr interessant wirken, das nachfolgende Muster sollte aber nicht zu unruhig sein.

Glatt mit Bruch

Maschenanschlag durch Kreuzanschlag oder Aufstricken vornehmen. Etwa vier Zentimeter glatt rechts stricken, dann auf der rechten Maschenseite eine Reihe linke Maschen stricken. Bis Bündchenhöhe glatt rechts weiterstricken. Am fertigen Strickteil Bündchen entlang der links gestrickten Reihe nach links umlegen. Mit einer Stopfnadel in Bündchenhöhe auf der Rückseite festnähen.

Bündchen

Mit Wellenkante

Dieser Bündchenabschluß wird vor allem für Jacken und Pullover verwendet. Er ist nicht besonders elastisch, durch die doppelte Strickweise jedoch besonders strapazierfähig.

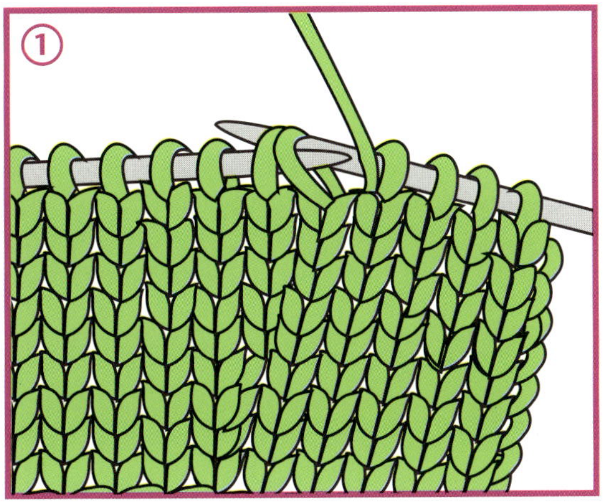

① Erforderliche Maschenanzahl anschlagen und etwa drei bis vier Zentimeter glatt rechts hochstricken. Auf der rechten Maschenseite eine Reihe oder Runde Lochmuster stricken: Die erste Masche nach der Randmasche rechts stricken, dann einen Umschlag machen und zwei Maschen rechts zusammenstricken. Umschlag und Zusammenstricken so lange wiederholen, bis alle Maschen abgestrickt sind.

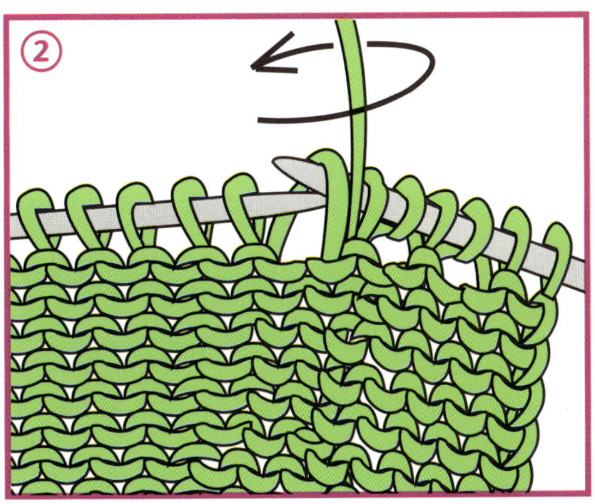

② In der Rückrunde auf der linken Maschenseite den Umschlag der vorherigen Reihe links abstricken, ebenso alle anderen Maschen. Bis Bündchen- oder Blendenhöhe glatt rechts weiterstricken.

Auf dem Foto ist das fertige Strickstück mit der Lochreihe zu sehen. In Höhe dieser Reihe wird das Strickstück auf die linke Seite umgebogen.

Mit einer stumpfen Stopfnadel die Anschlagkante auf der Rückseite des Strickstücks an den Maschengliedern in gleichem Abstand festnähen. Dabei immer die ganze Masche, nicht nur einen Teil des Garns, auffassen.

Randmaschen

Nahtrand

Diese Art der Randmaschen ist die eleganteste, denn dabei werden die Nähte nicht dicker als das Strickstück selbst. Außerdem ist dieser Nahtrand unbedingt erforderlich für Strickteile, an die später Blenden angestrickt werden.
Auf der rechten Strickseite die erste und die letzte Masche immer rechts stricken, während auf der linken Strickseite die erste und letzte Masche links gestrickt werden.

Kettrand

Dieser Rand ist der gebräuchlichste, der auch in den Schulen gelehrt wird. Er ist jedoch relativ dick und ergibt daher an Nähten einen dickeren Wulst.
Am Anfang jeder Reihe die erste Masche rechts verschränkt stricken, also im hinteren Maschenglied von rechts nach links einstechen und den Faden wie zum Rechtsstricken durchholen.
Am Ende jeder Reihe die letzte Masche links abheben, der Faden liegt dabei vor der Masche.

Knötchenrand

Diese Randmaschenart nur bei kraus rechts Gestricktem anwenden, da es sich um eine einmal gestrickte Randmasche handelt.
Will man später eine Blende anstricken, muß nur das Knötchen auf die Nadel aufgenommen und abgestrickt werden.

In allen Reihen wird die erste Masche rechts abgehoben und die letzte Masche rechts gestrickt.

Randmaschen

Schweizer Rand

Diese Art von Randmaschen eignet sich für alle aus dünner Wolle gestrickten Teile, außerdem auch für durchgehende Lochmuster. Besonders ideal ist der Rand für Patentgestricktes, das zusammengenäht werden soll.

In allen Reihen die erste und letzte Masche links stricken.

Rand für Patentmuster

Für ein Strickstück im Patentmuster, das nicht zusammengenäht wird, ist dieser Rand ein besonders schöner Abschluß.
Bei den jeweils ersten und letzten drei Maschen jeder Reihe die rechten Maschen rechts stricken, die linken Maschen links abheben und den Faden dabei vor die Arbeit legen.

Übrigens ...

Besonders edle Strickgarne entstehen aus Tierhaar, z. B. Mohair und Cashmere von der Ziege, Angora vom Kaninchen, außerdem Kamelhaar, Alpaka und Lama. Bei der Bezeichnung unbedingt beachten: Die teure Alpakawolle ist streng zu unterscheiden von der billigen Reißwollsorte Alpakka. Oft werden diesen Tierhaaren auch Schurwolle, seltener Baumwolle beigemischt. Das ergibt die unterschiedlichsten Effekte, sowohl im Aussehen als auch bei den Trageeigenschaften. Andere Garnmischungen entstehen durch Beimischungen von synthetischen Chemiefasern wie Polyester und Polyacryl zu Wolle oder Baumwolle. Das Verfilzen von Wolle wird dadurch gemindert und die Pflegeeigenschaften verbessert. Ebenfalls zu den Chemiefasern zählt Viskose, obwohl sie pflanzlicher Herkunft ist. Nur durch chemische Behandlung wird aus Pflanzenfasern eine sogenannte Endlosfaser gewonnen, die beste Verarbeitungs-, Trage- und Pflegeeigenschaften aufweist. Durch immer neue technische Verfahren gelingt es der Industrie, Fasern auf chemischem Wege herzustellen, wie z. B. die Mikrofasern. Bekannt und beliebt sind seit kurzem die Fleecegewebe. Für Strickwaren wurde diese Wirkware als eine Art Bändchen hergestellt. Wurden Chemiefasern lange Zeit modisch gemieden, so finden sie jetzt durch verbesserte Eigenschaften wieder Einzug in die Strickmode und Mode überhaupt.

Zunahmen

Am Rand

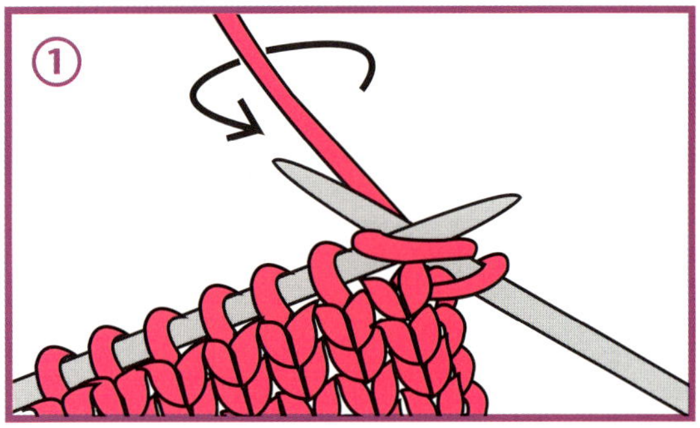

Diese Art von Maschenzunahme ist für seitliche Zunahmen, etwa an Ärmeln geeignet.

① Die Randmasche stricken, die erste Masche rechts stricken, die Masche bleibt auf der linken Nadel liegen.

② In dieselbe Masche in das hintere Maschenglied von rechts nach links einstechen und eine Masche rechts verschränkt stricken. Die Masche von der linken Nadel gleiten lassen. Die Zunahmen auf der linken Seite des Strickstücks werden in der gleichen Reihe gemacht, das bedeutet, in die letzte Masche vor der Randmasche eine Masche rechts und eine Masche rechts verschränkt arbeiten. Wird auf der linken Maschenseite zugenommen, dann müssen die Maschen links bzw. links verschränkt gestrickt werden.

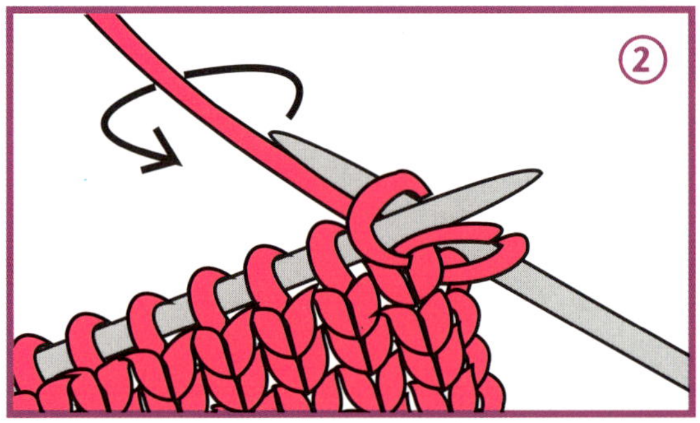

Aus dem Querfaden der Vorreihe

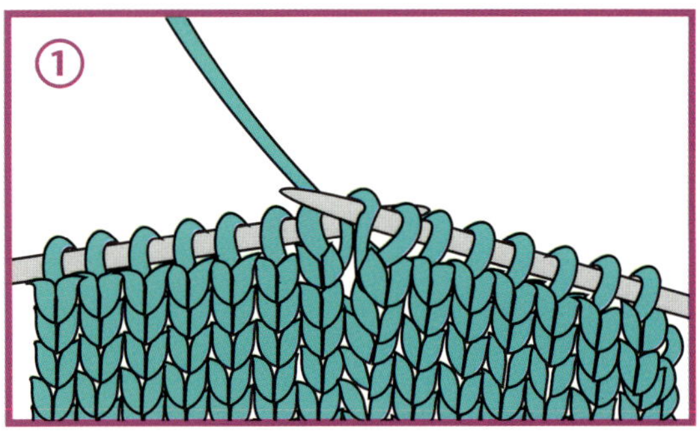

Diese Zunahme eignet sich vor allem, wenn gleichmäßig über alle Maschen verteilt zugenommen werden muß.

① Mit der rechten Nadelspitze von hinten rechts nach vorne links in den Querfaden der Vorreihe einstechen und den Querfaden hochziehen.

② Querfaden auf die linke Nadel schieben. Mit der rechten Nadel von rechts nach links hinten einstechen und die Masche rechts verschränkt abstricken. (Auf der linken Maschenseite die Zunahmen links bzw. links verschränkt abstricken.)

Man kann diese Zunahme auch mit Loch stricken: Mit der linken Nadel den Querfaden der Vorreihe hochziehen und die Masche rechts abstricken.

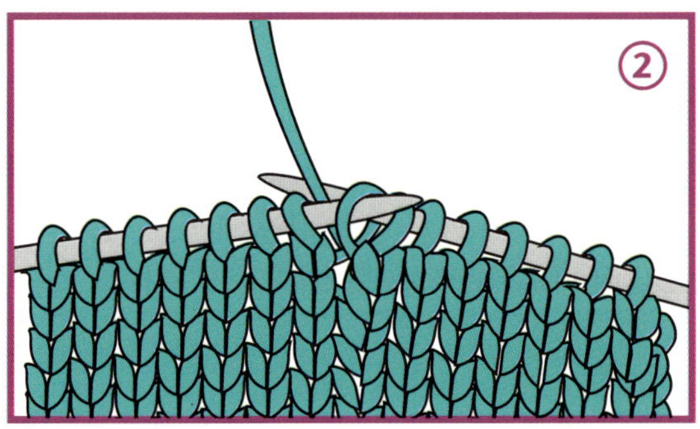

Durch Aufstricken

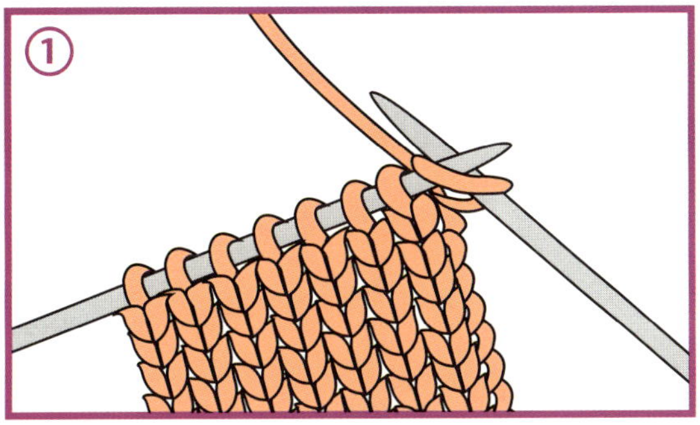

Müssen mehrere Maschen am Anfang oder Ende einer Reihe, z.B. bei quer gestrickten Pullovern, zugenommen werden, eignet sich das Aufstricken.
① Die Nadel mit den bereits gestrickten Maschen in die linke Hand nehmen, als würden Sie die nächste Reihe stricken. Mit der rechten Nadelspitze in die erste Masche wie zum Rechtsstricken einstechen und den Faden als Schlinge durchziehen. Diese Schlinge etwas länger ziehen und als neue Masche von rechts nach links, also verkreuzt, auf die linke Nadel aufschieben. Den Faden anziehen, die rechte Nadel bleibt dabei in der Masche und holt gleichzeitig den Faden für die nächste Maschenschlinge durch. Vorgang so oft wiederholen, bis die entsprechende Maschenzahl aufgestrickt ist.
② Zum Abstricken der nächsten Reihe die Nadeln in der gleichen Position halten und die Maschen von rechts nach links abstricken.

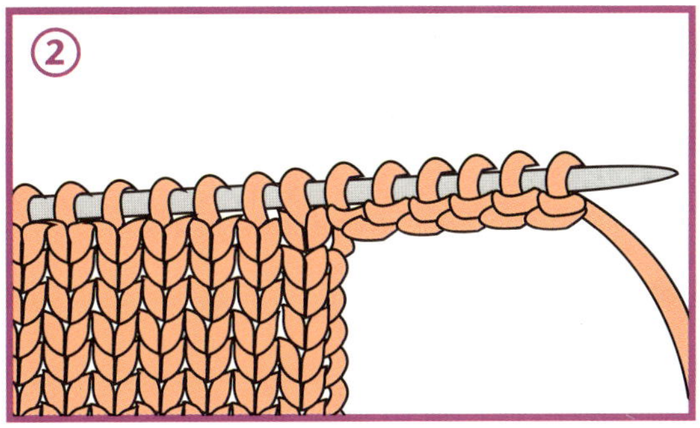

Beidseitig einer Mittelmasche

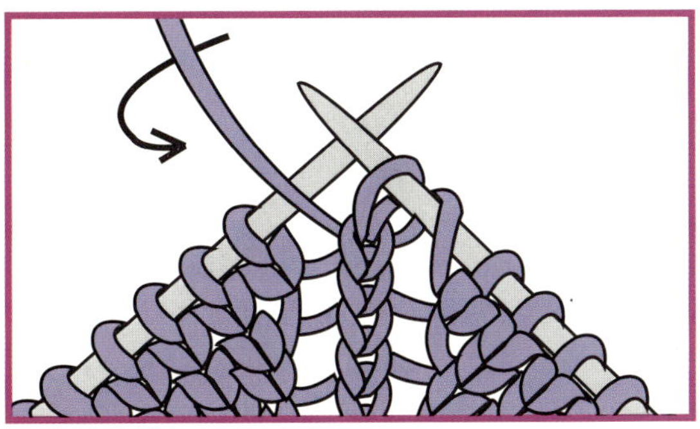

Wird über mehrere Reihen oder Runden hintereinander an der gleichen Stelle zugenommen, z.B. bei Blenden, werden die Zunahmen mit einem Umschlag gestrickt.
Das Muster bis zur Mittelmasche (rechte Masche) stricken. Vor der Mittelmasche einen Umschlag machen und die Mittelmasche rechts stricken, danach erneut einen Umschlag um die Nadel legen und im Muster weiterstricken. In der Rückreihe die Umschläge links stricken. Werden die Umschläge links verschränkt gestrickt, dann entsteht kein Loch.

Zunahmen

Im Rippenmuster

Um im Maschenrhythmus eine Masche rechts, eine Masche links zu bleiben, z. B. bei Rollkragen, sollten immer gleichzeitig zwei Maschen aufgenommen werden.

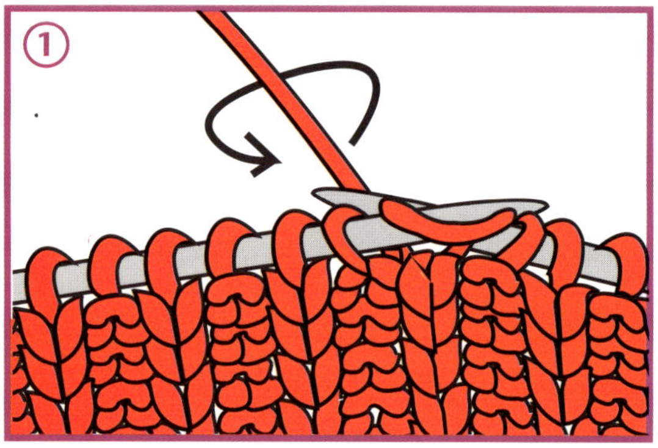

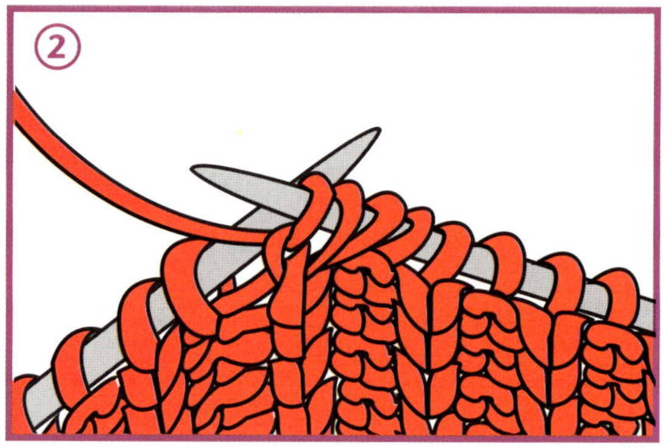

① Von links nach rechts in das vordere Maschenglied der nächsten rechten Masche einstechen. Faden als Schlinge nach vorne ziehen, die Masche bleibt dabei auf der Nadel.
Jetzt in das hintere Glied derselben Masche stechen und den Faden durchziehen. Dabei die Masche von der linken Nadel gleiten lassen. Auf der rechten Nadel befinden sich jetzt eine rechte und eine linke Masche. Da nun eine linke Masche folgt, muß noch eine rechte Masche zugenommen werden.
② Den Querfaden der Vorreihe mit der rechten Nadel nach oben ziehen und von rechts vorne nach links hinten, also verkreuzt, auf die linke Nadel schieben. In das hintere Glied dieser Masche von rechts nach links einstechen und die Masche rechts verschränkt abstricken.

Im Patentmuster

Um im Maschenrhythmus des Patentmusters zu bleiben, dürfen Zunahmen nur in jeder vierten Reihe, aber dafür doppelt ausgeführt werden. Hier wurde nach bzw. vor der dritten Masche am Rand zugenommen.
In die viertletzte Masche von rechts nach links einstechen und den Faden wie beim Linksstricken durchholen, die Masche bleibt aber auf der Nadel liegen. Mit der rechten Nadel in das hintere Maschenglied derselben Masche einstechen und den Faden als Schlinge durchziehen. Gleichzeitig die Masche von der linken Nadel gleiten lassen. Verlangt das Muster zuerst eine rechte Masche, so wird die gleiche Masche zuerst rechts verschränkt und dann nochmal links abgestrickt.

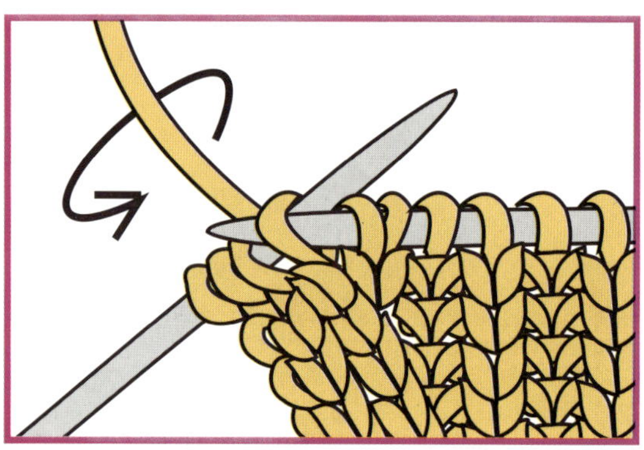

Am Rand

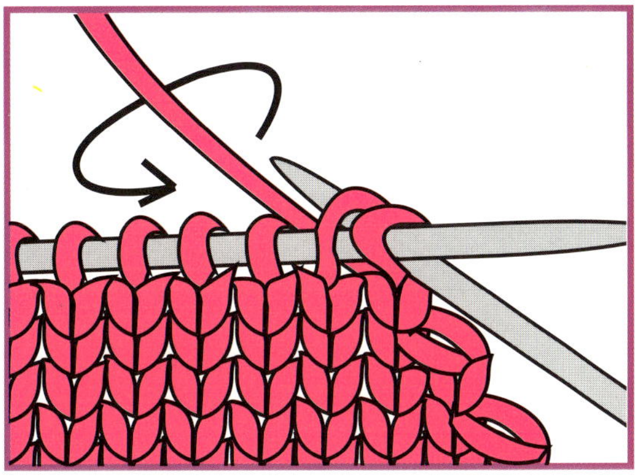

Rechter Rand: Von rechts nach links in das hintere Maschenglied der Randmasche und der nächsten Masche einstechen und den Faden durchholen. Es werden also zwei Maschen rechts zusammengestrickt.
Linker Rand: Die letzte Masche und die Randmasche rechts zusammenstricken.

Am Rand mit Abstand

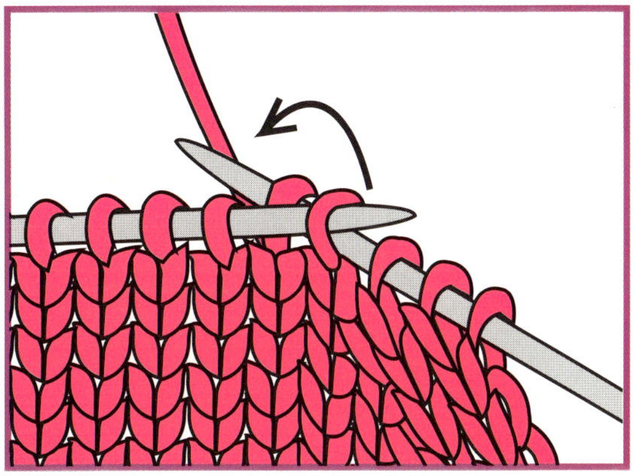

Rechter Rand: Nach der Randmasche zwei Maschen rechts stricken, die nächste Masche abheben, eine Masche rechts stricken und die abgehobene Masche über die gestrickte Masche ziehen.
Linker Rand: Die viertletzte und die drittletzte Masche rechts zusammenstricken, zwei Maschen rechts und die Randmasche stricken.

Abnahmen

Im Rippenmuster am Rand

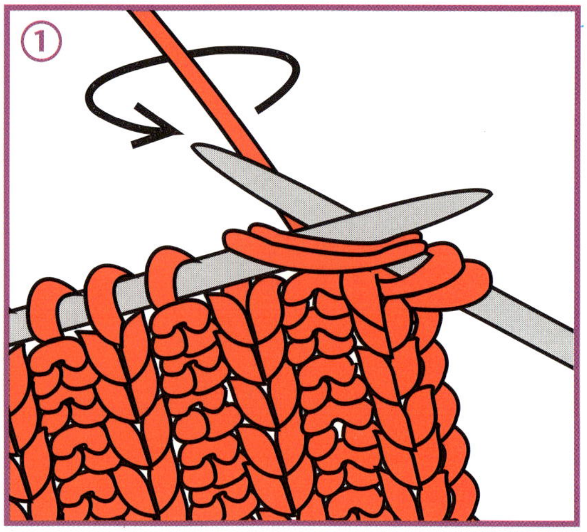

Um im Rhythmus eins rechts, eins links zu bleiben, in jeder vierten Reihe zwei Maschen gleichzeitig abnehmen.
① Am rechten Rand nach der Randmasche eine Masche rechts abheben und die nachfolgenden zwei Maschen rechts zusammenstricken.

② Die abgehobene Masche über die zusammengestrickten Maschen ziehen. Am linken Rand die letzten drei Maschen vor der Randmasche links zusammenstricken, anschließend die Randmasche stricken.

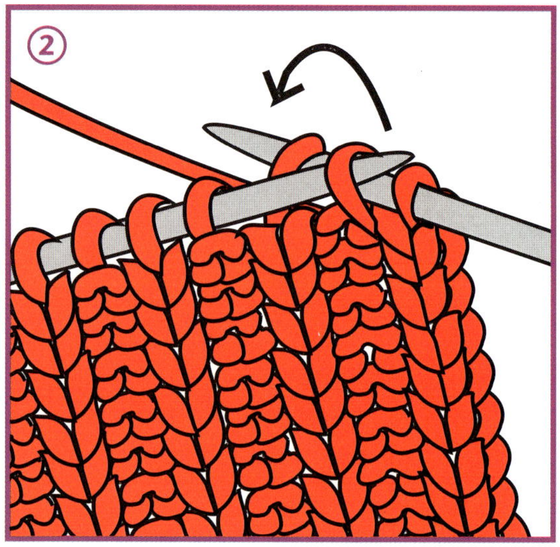

Im Patentmuster am Rand

Rechter Rand: Randmasche, eine Masche rechts und eine Masche links stricken, eine Masche mit Umschlag rechts abheben, die nächsten beiden Maschen rechts zusammenstricken und die abgehobene Masche über die beiden zusammengestrickten Maschen ziehen. Linker Rand: Das Patentmuster stricken, bis noch sechs Maschen (einschließlich Randmasche) auf der Nadel sind. Die nächsten drei Maschen (eine rechte Masche mit Umschlag, eine linke Masche, eine rechte Masche mit Umschlag) rechts zusammenstricken. Die letzten beiden Maschen (eine Masche rechts, eine Masche links) und die Randmasche stricken. Die Maschen der Rückreihe im Patentmuster stricken.

Abnahmen

Mit durchlaufender Mittelmasche

Alle Maschen bis auf zwei Maschen vor der Mittelmasche abstricken. Eine Masche rechts abheben, eine Masche rechts stricken und die abgehobene Masche über die gestrickte Masche ziehen. Mittelmasche rechts stricken, die nächsten beiden Maschen rechts zusammenstricken.
Diese Art der Abnahme in der Mitte fügt sich sehr unauffällig in das Strickteil ein.

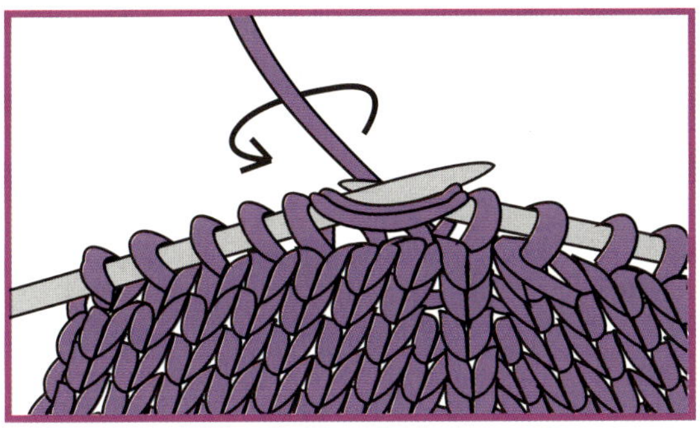

Als Alternative läßt sich die Abnahme auch ohne durchlaufende Mittelmasche ausführen: Maschen bis eine Masche vor der Mittelmasche rechts stricken. Die rechte Nadel von rechts nach links in die nächste Masche stechen, Masche abheben. Die nächsten beiden Maschen rechts zusammenstricken und darüber die abgehobene Masche ziehen.

Mit Hebemasche

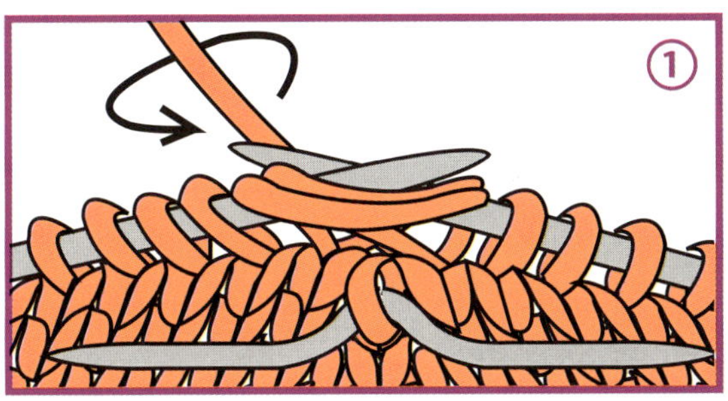

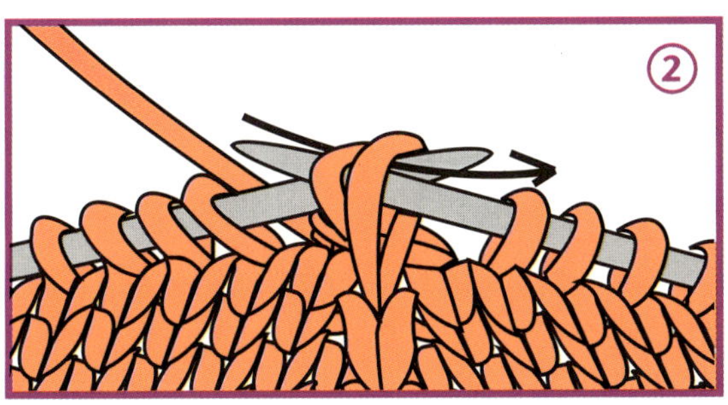

① Maschen bis auf eine Masche vor der Mittelmasche stricken. Eine Masche abheben, Mittelmasche auf eine Hilfsnadel vor die Arbeit legen, die abgehobene Masche auf die linke Nadel zurückschieben. Zwei Maschen der linken Nadel rechts zusammenstricken.
② Die zusammengestrickten Maschen auf die linke Nadel zurückschieben und die abgehobene Masche der Hilfsnadel ebenfalls auf die linke Nadel schieben. Mit der rechten Nadelspitze von rechts nach links in die Hebemasche einstechen und die zusammengestrickte Masche durch die Hebemasche durchziehen. Abnehmen mit einer Hebemasche ist die auffälligste Art, in der Mitte abzunehmen.

Knopflöcher

Waagerecht

① Je nach Knopfgröße wird das Knopfloch verschieden breit gearbeitet, aber meist genügen drei Maschen. An der Stelle, an die das Knopfloch kommt, den Strickfaden hängenlassen und die nächsten drei Maschen durch Überziehen abketten. Dadurch dehnt sich die Kante nicht aus.

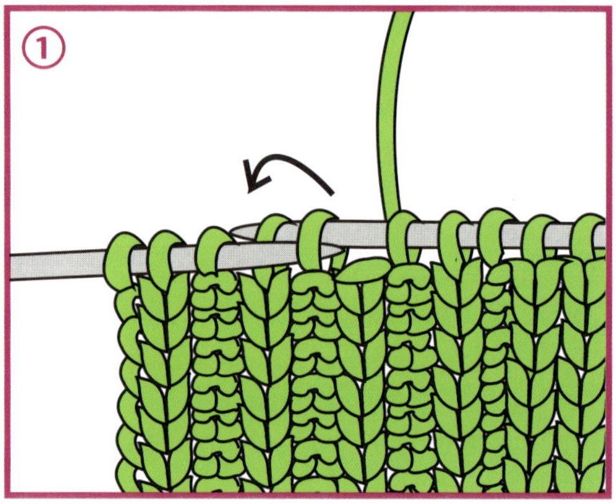

② Die Strickarbeit auf die linke Seite drehen. In die letzte Masche auf der linken Nadel von links nach rechts wie zum Rechtsstricken einstechen, den Strickfaden durchziehen und die Schlinge verdreht auf die linke Nadel aufschieben. Dabei bleibt die Nadel in der Schlinge und holt gleich die nächste Schlinge durch (siehe auch Zunehmen durch Aufstricken, S. 41).
Drei Maschen auf diese Art anschlagen. Die Strickarbeit wieder umdrehen, die letzten Maschen bis zur Kante abstricken. In der Rückreihe die angeschlagenen Maschen im Maschenrhythmus abstricken.

Als Alternative besteht auch die Möglichkeit, ein waagerechtes Knopfloch über zwei Reihen zu arbeiten: Drei Maschen an der entsprechenden Stelle abketten, danach die Reihe bis zum Ende abstricken. In der Rückreihe über den abgeketteten Maschen wie oben beschrieben durch Aufstricken drei Maschen aufnehmen und wie gewohnt weiterarbeiten.

Knopflöcher

Senkrecht

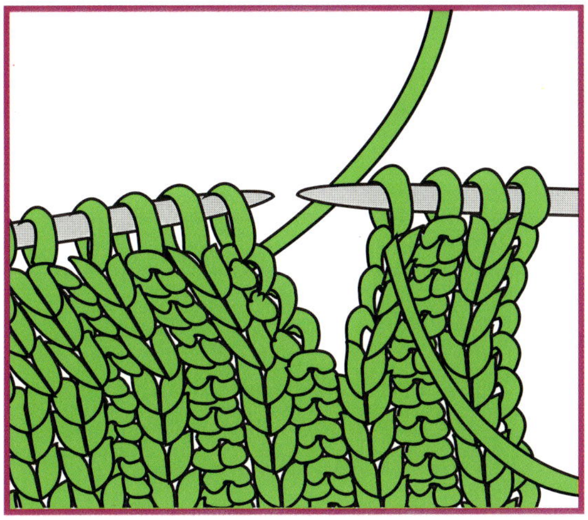

Die Strickarbeit an der Stelle zwischen einer rechten und einer linken Masche teilen, an die das Knopfloch kommen soll. Die rechte und linke Seite getrennt weiterstricken, dabei mit der rechten beginnen. So lange gerade hochstricken, bis die Knopflänge erreicht ist. Den Faden abschneiden.
Mit einem neuen Faden die linke Seite in gleicher Reihenanzahl hochstricken, dabei für die Randmasche eine zusätzliche Masche herausstricken.
Sind alle Reihen gestrickt, die Arbeit wieder schließen, indem die zusätzlich herausgestrickte Masche mit der ersten Masche der rechten Seite links zusammengestrickt wird.

Rund

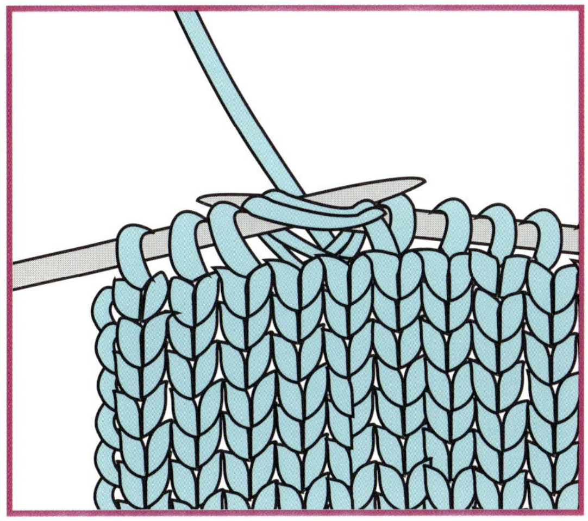

Für ein rundes Knopfloch dürfen die Knöpfe nicht zu groß sein, denn es wird nur ein Loch gestrickt.
Bis zur Stelle des Knopflochs stricken. Einen Umschlag machen und die nachfolgenden beiden Maschen zusammenstricken. In der Rückreihe den Umschlag links abstricken.

Die vorhergehenden drei Arten, Knopflöcher zu stricken, sind die gebräuchlichsten. Entscheidend für die Art der Knopflöcher ist auch die Größe der Knöpfe.
Der Vorteil bei gestrickten Knopflöchern liegt darin, daß sie nicht zusätzlich noch umnäht werden müssen.

Strickwaren verlängern/verkürzen

Gerade bei Kinderpullis und Jacken passiert es oft: Das Teil ist noch schön, aber die Ärmel sind einfach zu kurz. Oder die Kanten an den Bündchen reißen aus. Dafür gibt es eine simple Lösung, nämlich das Anstricken.
Mit einem Rest der Pulloverwolle ist das gar kein Problem. Mit der aufgetrennten Wolle des Bündchens und einer zusätzlichen Farbe oder überhaupt anderen Farben kann man in Ringeln verlängern. Ein Strickteil sieht jedoch erst dann wieder wie neu aus, wenn alle Bündchen, also an Ärmel, Taille oder Hüfte und die Ausschnittblende in denselben Farbfolgen neu gestrickt werden. Umgekehrt lassen sich auf diese Art alle Strickwarenkanten verkürzen, etwa an ausgedehnten Kanten. Dann einen Teil der Strickware von unten abtrennen und nur die Bündchen oder Kanten wieder anstricken.

② Den herausgezogenen Faden dicht am Strickstück abschneiden. Nun an der Kante der aufgeschnittenen Masche in Höhe des Zugfadens vorsichtig anziehen und die Maschen von Bündchen und Pullover trennen. Die Maschen mit Nadeln, in der das Teil gestrickt wurde, auffangen. Den Faden immer wieder herausziehen und abschneiden, bis alle Maschen auf der Nadel sind. Das Bündchen auftrennen und die Wolle fest aufwickeln.

① Die Nähte in Bündchenhöhe plus 2 cm auftrennen. Direkt darüber eine Randmasche mit der Schere vorsichtig aufschneiden. Wurden nach dem Bündchen Maschen zugenommen, über dieser Zunahmereihe aufschneiden. An einem aufgeschnittenen Faden fest anziehen, bis auf etwa 7 bis 9 cm. Beim Verkürzen die Nähte so weit auftrennen, wie das Teil verkürzt werden soll. Das wieder anzustrickende Bündchen dabei mitberechnen.

③ Nun das Bündchen wieder anstricken, dabei die zugenommenen Maschen zwischen Bündchen und Pulloverteil zuvor gleichmäßig verteilt abnehmen.
Ist der Pullover durchgehend oder an den Kanten mit Einstrickmuster gestrickt, läßt sich auch ein kompletter Musterstreifen vor dem Bündchen anfügen. Das geht jedoch nicht bei glatt rechts oder links gestrickten Teilen, da die Ansatzstelle sichtbar werden würde.

Strickteile weiterverarbeiten

Fäden vernähen

Wenn beim Stricken ein Knäuel zu Ende ist, die Fadenenden innerhalb einer Reihe keinesfalls verknoten. Das würde später immer sichtbar sein, ebenso wie das gleichzeitige Verstricken des alten und neuen Fadens über mehrere Maschen innerhalb einer Reihe. Den neuen Faden immer am Anfang einer Reihe ansetzen. Bei einem Einstrickmuster mit zwei Farben immer die Randmasche mit beiden Fäden stricken. Das geht auch, wenn nur ein neues Knäuel begonnen wird, es muß aber nicht sein.
Sind alle Teile fertig gestrickt, werden die Fäden mit einer stumpfen Sticknadel vernäht. Fäden senkrecht dicht neben den Randmaschen vernähen, denn quer laufende Nähfäden sind im Maschenbild zu sehen.

Spannen und befeuchten

Für alle Strickstücke gibt es bei der Anleitung eine Schemazeichnung des Schnittes mit Maßen in Originalgröße. Davon sollte vor Beginn des Strickens ein Originalschnitt angefertigt werden. Sind die Teile nun fertig gestrickt und alle Fäden vernäht, müssen die Strickteile gespannt und befeuchtet werden. Dazu braucht man extra lange Spannnadeln für Strickwaren und eine Unterlage zum Spannen, außerdem zwei große Plastiküten. Besonders gut eignet sich eine 70 mm starke Depavit-Platte (im gehobenen Bürobedarf erhältlich) der Größe DIN A 0. Die Kanten der Plastiktüten so aufschneiden, daß sie ausgebreitet die Depavit-Platte abdecken. Hilfreich ist es, die Folienkanten auf der Rückseite der Platte mit Klebestreifen zu fixieren. Den Schnitt in Originalgröße ausbreiten und paßgenau, also Kante an Kante, Vorder- und Rückenteil bzw. beide Ärmel auflegen. Alle 2 cm eine Nadel einstecken.
Hat man keinen Originalschnitt angefertigt, so müssen die Kantenlängen mit dem Maßband ausgemessen und danach die Strickteile gespannt werden. Jetzt die Strickteile mit Wasser besprühen, am besten geht das mit einem Pflanzensprüher. Darüber die zweite aufgeschnittene Plastiktüte legen und das ganze mit Büchern oder Aktenordnern o. ä. beschweren. Die Teile so über Nacht liegenlassen, am Morgen die Beschwerung und die Tüte abnehmen. Die Strickteile gespannt gut trocknen lassen, aber nicht direkt vor die Heizung stellen.
Strickstücke aus flauschigen Garnen oder mit einem Reliefmuster möglichst nicht beschweren, aber trotzdem anfeuchten und gut trocknen lassen. Ein kleiner Tip: Wer in der Wohnung eine Fußbodenheizung mit Teppichboden hat, kann die Teile direkt auf dem Boden spannen. Dann aber zum Schutz des Bodens eine Folie dazwischen legen.

Strickteile verbinden

Rechtsgestrickte Teile im Matratzenstich

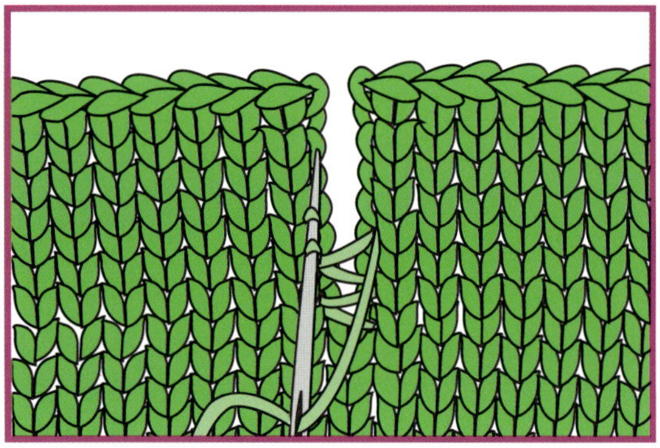

Die Kanten der zu verbindenden Teile mit der rechten Seite nach oben nebeneinander legen. Strickgarn auf eine stumpfe Sticknadel fädeln und unten beginnen. Zwei übereinanderliegende Maschenglieder neben der Randmasche aufnehmen, Faden durchziehen. Am zweiten Teil ebenfalls zwei Maschenglieder aufnehmen, Faden durchziehen. Zur anderen Seite wechseln, dabei in das gleiche Maschenglied einstechen, aus dem der Faden vorher herauskam. Nach einigen Stichen den Faden so anziehen, daß die Maschenglieder beider Teile dicht nebeneinanderliegen. Bei Mustern stets überprüfen, ob die Musterreihen in gleicher Höhe liegen.

Linksgestrickte Teile im Matratzenstich

Die Teile mit der linken Seite nach oben nebeneinanderlegen. Strickgarn auf eine stumpfe Nadel fädeln, unten beginnen. Ein Maschenglied neben der Randmasche aufnehmen, Faden durchziehen. Aus dem zweiten Teil neben der Randmasche wieder ein Maschenglied

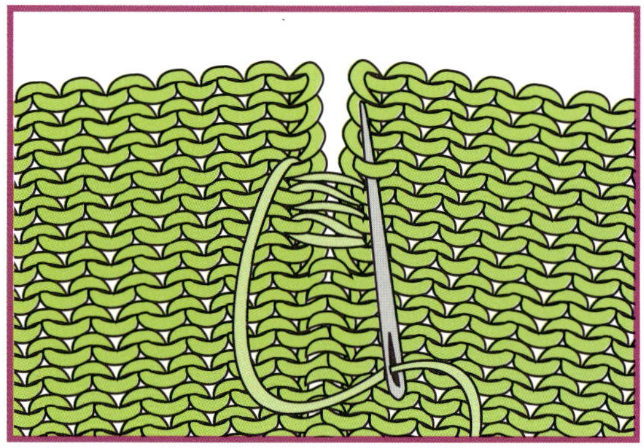

aufnehmen. Nach einigen Stichen den Faden so anziehen, daß die Maschen direkt nebeneinander liegen.

Zusammenstricken

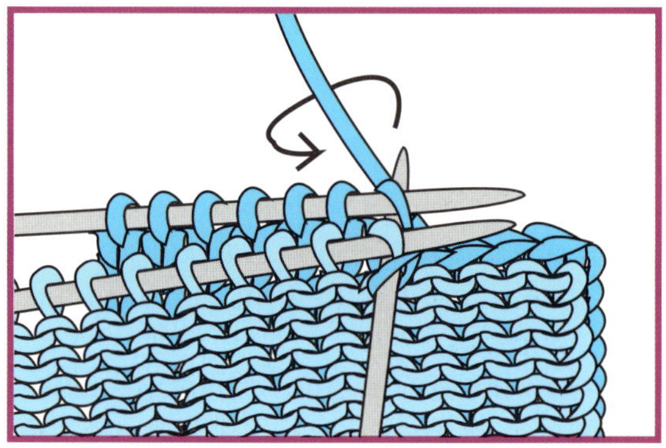

Diese sehr elastische Verbindung eignet sich besonders für Schulternähte. Die Maschen nicht abketten, die Strickteile mit den Nadeln rechts auf rechts legen. Mit einer dritten Stricknadel in die beiden ersten Maschen der Teile wie zum Rechtsstricken einstechen, den Faden eines der beiden Strickteile durchziehen. Nochmal so verfahren, und die erste abgestrickte Masche auf der rechten Nadel über die zweite ziehen. Die jeweils nächsten beiden Maschen der vorderen und hinteren Nadel zusammen rechts abstricken, und die Masche auf der rechten Nadel über die abgestrickte ziehen.

Strickteile verbinden

Zusammennähen im Steppstich

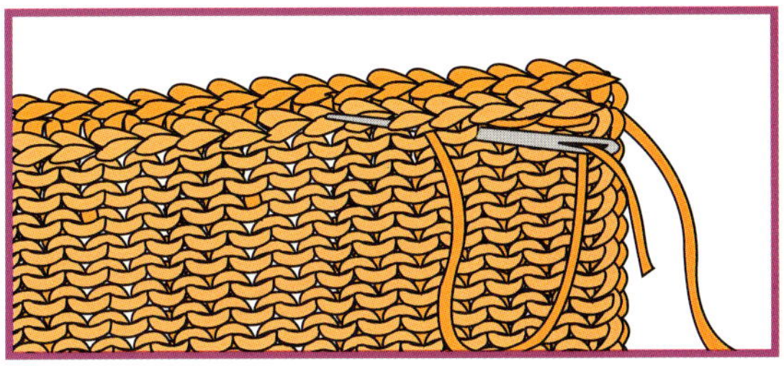

Mit diesem Steppstich sollten nur Ärmel in Armlöcher eingenäht werden. Alle anderen Nähte besser im Matratzenstich ausführen.
Die beiden Strickteile mit den rechten Seiten kantengleich aufeinanderlegen und mit Nadeln zusammenstecken. Mit dem gleichen Faden arbeiten, mit dem auch gestrickt wurde. Am Anfang der Naht das Fadenende ca. 10 cm hängen lassen. Mit einer stumpfen Sticknadel einstechen, zwei Maschen auffassen und den Faden durchziehen. In die Ausstichstelle zurückstechen, vier Maschen aufnehmen und ausstechen. Wieder zurück in die Ausstichstelle und vier Maschen aufnehmen. Naht fortsetzen, bis sie geschlossen ist. Fadenenden vernähen.

Zusammenhäkeln

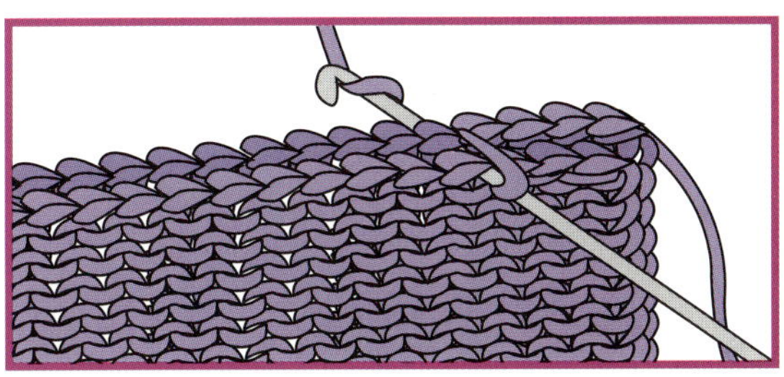

Strickteile mit der rechten Maschenseite aufeinanderlegen. Eine in der Stärke passende Häkelnadel durch die ersten beiden Maschenglieder der hintereinanderliegenden Kettmaschen stechen, den Faden durchholen zur ersten Masche. Vorgang wiederholen, beim Durchholen den Faden gleichzeitig durch die erste Masche ziehen, so daß eine Kettmasche gehäkelt wird.

Verbinden im Maschenstich

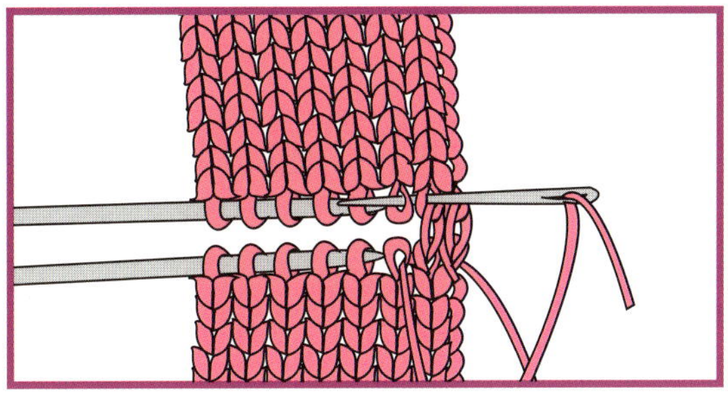

Der Maschenstich fügt sich vollkommen unsichtbar in das Maschenbild ein. Es können nur Teile verbunden werden, deren Maschen nicht abgekettet sind, oder die einen Häkelanschlag haben. Werden die Strickteile auf der linken Seite verbunden, den Vorgang auf der rechten Seite ausführen und die Teile dann wenden. Die Maschen der Strickteile liegen sich auf den Stricknadeln gegenüber. Das Strickgarn in eine stumpfe Sticknadel einfädeln. In die untere Masche von hinten einstechen, die Nadel von der Rückseite in die obere Masche führen und zurück von vorne in die untere erste Masche einstechen, Faden durchziehen. Weiter mit der Nadelspitze in die zweite untere Masche von rechts einstechen, die Nadel nach oben von vorne in die erste Masche stechen und anschließend von hinten in die zweite Masche führen. In jede Masche muß also zweimal eingestochen werden.

Musterstricken

Für eine Jacke oder einen Pullover im Patentmuster (z.B. Troyer auf S. 82 und 84) wird mehr Wolle als für ein glatt rechts gestricktes Teil benötigt. Dadurch wird das Strickstück natürlich schwerer. Aber am Ende lohnen sich der Aufwand und die Mehrkosten auf jeden Fall, denn Patentmuster haben einfach eine tolle Wirkung.
Die Maschen möglichst immer italienisch anschlagen und die Seitenkanten, die zusammengenäht werden, mit dem Schweizer Rand stricken.
Außerdem braucht man eine ungerade Maschenzahl, damit die Nähte im Matratzenstich geschlossen werden können, neben der Randmasche am Anfang und am Ende muß also immer eine linke Masche liegen. Die Naht fügt sich dann vollständig in das Maschenbild ein, wenn beim Zusammennähen immer in der linken Masche neben der Randmasche eingestochen wird.

Vollpatent

Erste Reihe (Rückreihe):
Randmasche, * 1 Masche rechts, Faden vor die Nadel legen und die folgende Masche links abheben *, 1 Masche rechts, Randmasche.

Zweite Reihe (Hinreihe):
Randmasche, * Faden vor die Nadel legen und die folgende Masche links abheben, 1 Masche rechts *, Faden vor die Nadel und die letzte Masche links abheben, Randmasche.
Die Angaben zwischen den Zeichen * in der Reihe ständig wiederholen.
Der Umschlag und die rechte Masche werden immer als eine Masche rechts abgestrickt.

Halbpatent

Hier wird nur die Hälfte im Patentmuster gestrickt.

Erste Reihe (Rückreihe):
Randmasche, * 1 Masche rechts, 1 Masche links*, 1 Masche rechts, Randmasche.

Zweite Reihe (Hinreihe):
Randmasche, * Faden vor die Nadel legen, die folgende Masche links abheben, 1 Masche rechts *, 1 Umschlag, 1 Masche mit Faden vor der Nadel links abheben.

Die Angaben zwischen den Zeichen * in der Reihe ständig wiederholen.

Netzpatent

Maschenzahl muß durch 2 teilbar sein!

Erste Reihe (Hinreihe) und zweite Reihe (Rückreihe) rechts stricken.

Dritte Reihe (Hinreihe):
Randmasche, * 1 Masche rechts, 1 doppelte Masche rechts (1 Masche rechts stricken, 1 Reihe tiefer einstechen und noch 1 Masche rechts stricken) *, Randmasche.

Vierte Reihe (Rückreihe):
Randmasche, * den Faden vor der doppelt gestrickten Masche mit der rechten Nadel auf die linke Nadel heben und zusammen mit der nächsten Masche rechts stricken, 1 Masche rechts*, Randmasche.

Fünfte Reihe (Hinreihe):
Randmasche, * 1 doppelte Masche rechts, 1 Masche rechts *, Randmasche.

Sechste Reihe (Rückreihe):
Randmasche, * 1 Masche rechts, den Faden vor der doppelt gestrickten Masche aufheben und zusammen mit der nächsten Masche rechts stricken *, Randmasche.

Die Angaben zwischen den Zeichen * in der Reihe ständig wiederholen.
Die dritte bis sechste Reihe ständig wiederholen.

Falsches Patent

Dieses Patent besteht nur aus rechten und linken Maschen, und es verbraucht nicht soviel Wolle.

Die Maschenzahl muß durch 4 teilbar sein plus 2 Randmaschen.

Erste Reihe:
Randmasche, * 3 Maschen rechts, 1 Masche links*, Randmasche.

Zweite Reihe:
Randmasche, 2 Maschen rechts, * 1 Masche links, 3 Maschen rechts *, 1 Masche links, 1 Masche rechts, Randmasche.

Die Angaben zwischen den Zeichen * in der Reihe ständig wiederholen.
Die erste und zweite Reihe ständig wiederholen.

Musterstricken

Perlmuster

Beim Perlmuster werden rechte und linke Maschen versetzt gestrickt.

Erste Reihe:
Randmasche, * 1 Masche rechts, 1 Masche links *, Randmasche.

Zweite Reihe:
Randmasche, * 1 Masche links, 1 Masche rechts *, Randmasche.
Die Angaben zwischen den Zeichen * in der Reihe ständig wiederholen.

Lochmuster

Hier soll nur das Prinzip der Lochmuster erklärt werden, denn die Variationen von Umschlag und vorher

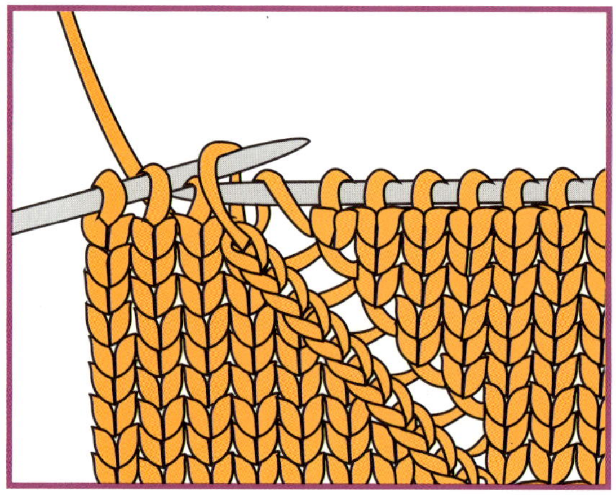

oder nachher zusammengestrickten bzw. übergezogenen Maschen ergibt fast eine unendliche Zahl von Mustern.
Das Loch entsteht durch einen Umschlag auf der Vorderseite.
Damit sich die Maschenzahl dadurch nicht erhöht, werden die davorliegenden oder nachfolgenden zwei Maschen zusammengestrickt bzw. übergezogen.
In der Rückreihe werden die Umschläge einfach links abgestrickt.
Es erfordert etwas Übung, damit das Muster am Ende gleichmäßig ausfällt; am besten die Maschenprobe etwas größer anlegen, um das richtige Gefühl für das Muster zu bekommen.
Je mehr Reihen und Maschen ein Mustersatz hat, um so schwieriger wird das Musterstricken.

Zopfmuster

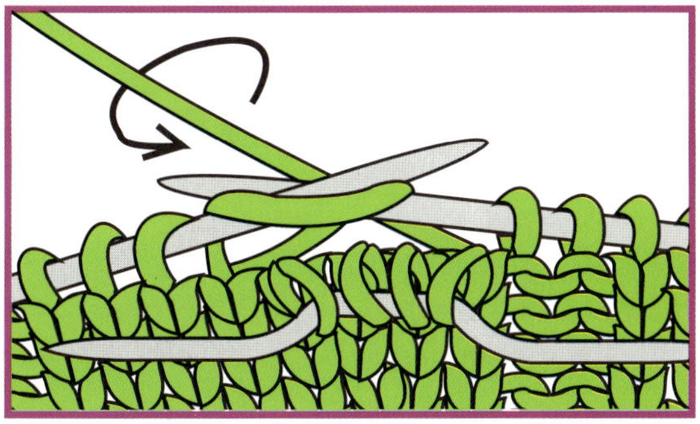

Hier werden das Prinzip und der gezeigte Zopf erklärt, es gibt aber unzählige Variationen, denn der Zopf kann auch aus der Mitte heraus oder mehrfach gekreuzt werden. Für das Zopfstricken ist eine dritte Nadel erforderlich, am besten eine gebogene Hilfsnadel.

Die Kreuzung der Maschen ergibt sich dadurch, daß eine bestimmte Maschenanzahl auf eine Hilfsnadel vor bzw. hinter die Strickarbeit gelegt wird, die nächsten Maschen abgestrickt und die Maschen der Hilfsnadel auf die linke Nadel zurückgeschoben und dann ebenfalls abgestrickt werden.

In dem gezeigten Beispiel bedeutet das: Der Zopf geht über insgesamt acht Maschen in der Breite und acht Reihen in der Höhe; in den Rückreihen die Maschen stricken, wie sie erscheinen.

1. bis 4. Reihe:
In der Hinreihe: Randmasche, * 2 Maschen links, 8 Maschen rechts *, Randmasche.

5. Reihe:
Randmasche, * 2 Maschen links, 4 Maschen auf eine Hilfsnadel hinter die Arbeit legen, 4 Maschen rechts, die 4 Maschen der Hilfsnadel rechts stricken *, Randmasche.

6. bis 8. Reihe:
Wie die 2. bis 4. Reihe stricken.

Die Angaben zwischen den Zeichen * in der Reihe ständig wiederholen.

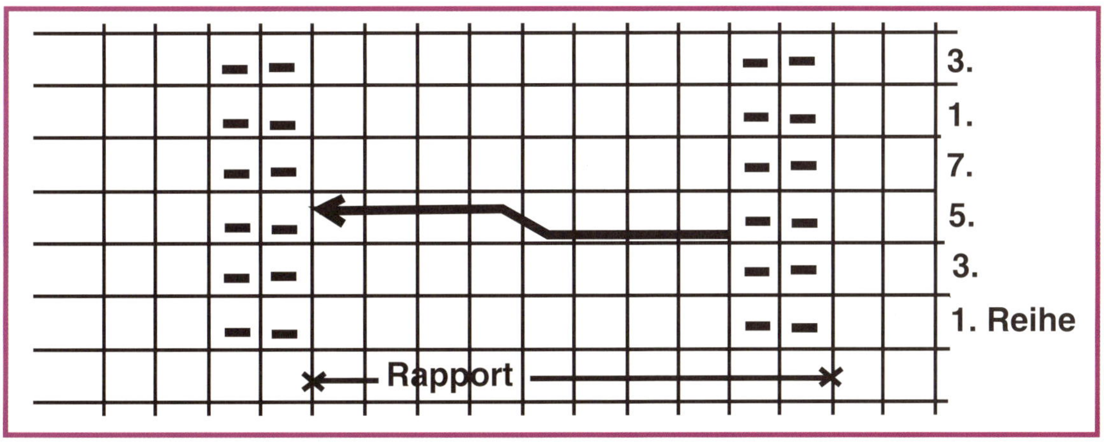

Musterstricken

Farbwechsel

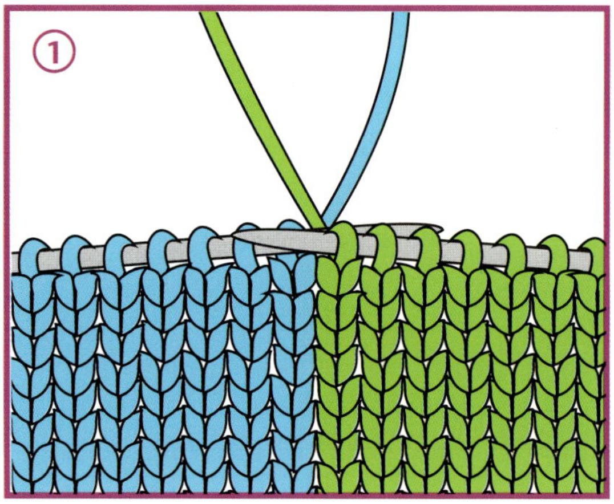

① Alle oben in Grün gezeigten Maschen stricken. Den Strickfaden auf die linke Seite ziehen und den blauen Faden auf der Rückseite über den grünen Strickfaden legen; von vorne gesehen wird der blaue Faden nach hinten über den grünen gezogen. Den grünen Faden gut anziehen und alle Maschen in Blau stricken.

② In der Rückreihe muß der Farbwechsel vor der Arbeit durchgeführt werden. Alle Maschen in Blau stricken und den Strickfaden nach links legen. Den grünen Faden nach oben über den blauen Strickfaden legen und dabei gut festziehen. Alle Maschen in Grün stricken. Auf der Rückseite liegen dann senkrecht verlaufende Fäden im Farbwechsel.

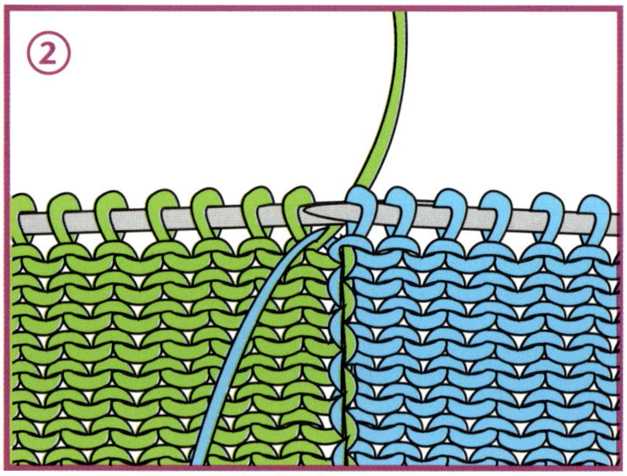

Übrigens ...

Der Farbwechsel kann sowohl senkrecht als auch schräg erfolgen. Damit dabei keine Löcher entstehen, müssen die Strickgarne auf der Rückseite miteinander verkreuzt werden. Wenn ein Muster aus mehreren, sich wiederholenden Farbflächen besteht, sollte man für jede Fläche einen eigenen Knäuel abwickeln und einen Fadenführer benutzen. Bei Jacquardmustern (= glatt rechtes Maschenbild mit Farbwechsel) werden hingegen die Fäden in den verschiedenen Farben immer auf der Rückseite der Arbeit mitgeführt. Damit sich die Knäuel der verschiedenen Farben nicht total verknoten, kann man mit einer Plastiktüte oder kleineren Pappschachtel arbeiten. In die Tüte oder die Schachtel so viele Löcher stechen wie Farbknäuel benötigt werden. Die Knäuel im gewünschten Farbwechsel nebeneinander hineinlegen und die Fäden aus dem Inneren des Knäuels durch die Löcher ziehen. Am Ende einer Hinreihe mit Farbwechsel verdrehen sich zwar dann alle Garnfäden beim Wenden zur Rückreihe, aber beim neuerlichen Wenden zur Hinreihe drehen sich alle Fäden wieder in die Ausgangsposition. Besonders erleichternd ist diese Methode, wenn mit mehreren Farbknäulen gearbeitet wird.

Musterstricken

Sticken im Maschenstich

Kleinere Muster kann man auch im Maschenstich aufsticken, vor allem, wenn das Muster nur wenige Male im Strickstück vorkommt. Darauf achten, daß die Stärke des Stickfadens der Stärke des Strickfadens entspricht, den Faden nicht zu fest anziehen und auf eine stumpfe Sticknadel auffädeln.

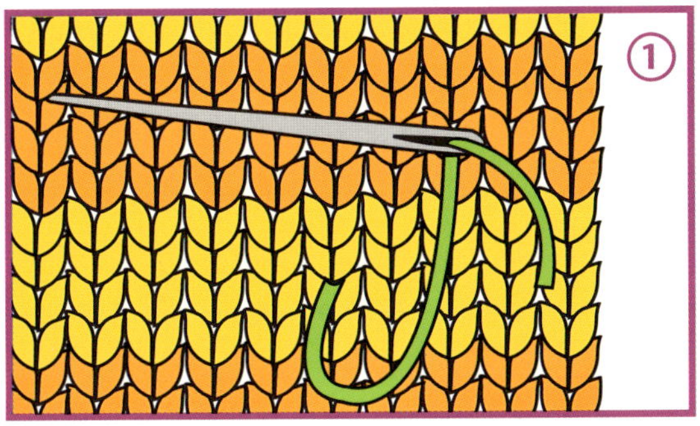

① Am unteren Ende einer rechten Masche von hinten nach vorne ausstechen, auf der Rückseite ca. 10 cm vom Faden hängenlassen. Die Maschen werden in der Reihenfolge der Maschenglieder überstickt, es wird also immer eine halbe Masche nachgestickt.

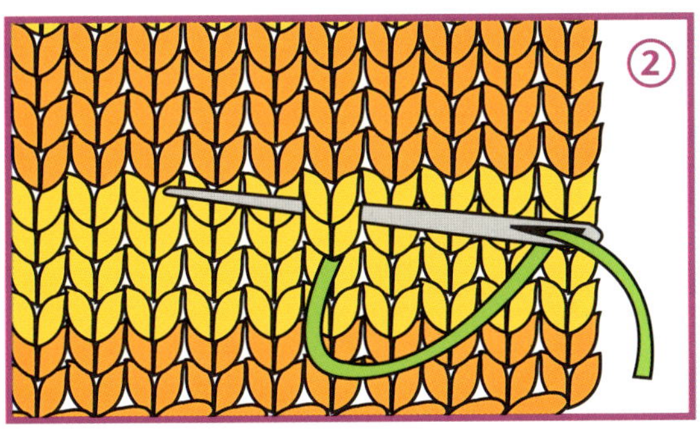

② Rechts oberhalb der ausgestochenen Stelle, das ist am oberen Ende des rechten Maschenglieds, einstechen und waagrecht mit der Nadelspitze nach links stechen. Bei der linken Hälfte der Masche wieder ausstechen.

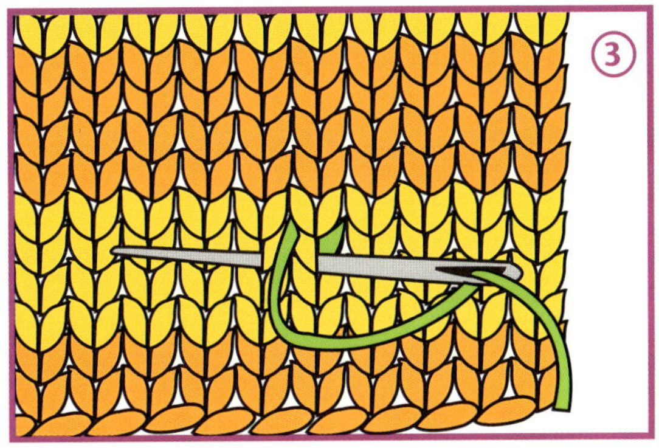

③ Von der Ausstichstelle oben links zurück in die untere Ausstichstelle stechen. Die Nadel auf der Rückseite waagerecht nach links führen und am unteren Ende der nächsten Masche wieder ausstechen. Mit diesen Arbeitsschritten alle Maschen von rechts nach links nachsticken, bis die volle Musterbreite erreicht ist.

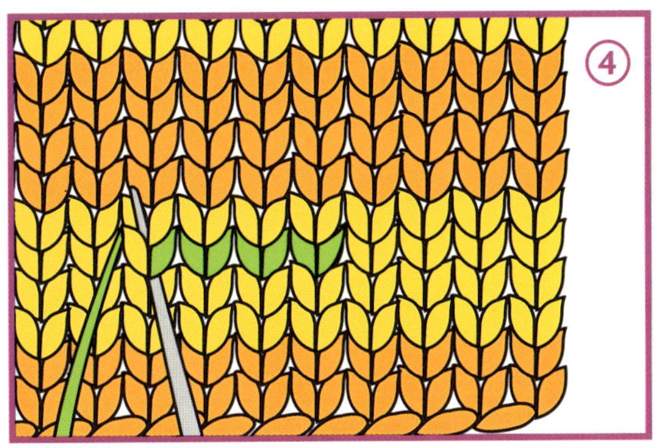

④ In die nächste Reihe gelangt man, indem die Nadel von der unteren Einstichstelle auf der Rückseite senkrecht nach oben geführt wird und am unteren Ende der darüberliegenden Masche ausgestochen wird. Die Reihe von links nach rechts in umgekehrter Folge sticken. Man kann die Arbeit auch drehen und dann die Reihe rückwärts nachsticken. Am Ende der Reihe die Arbeit erneut drehen.

Blenden

Runder Ausschnitt

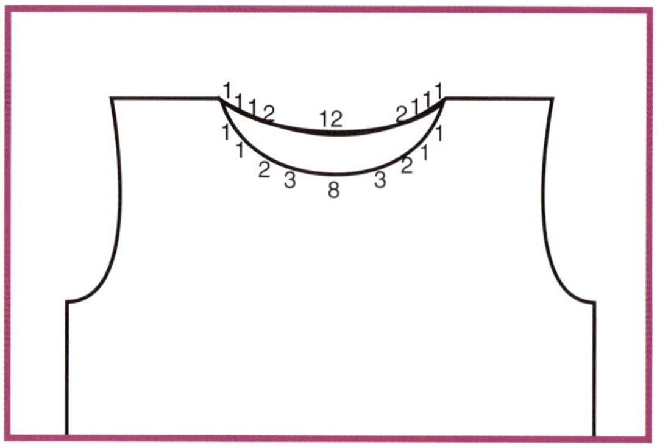

Ausschnitt abketten
Das Vorderteil bis zum Beginn des Halsausschnitts hochstricken. Die Anzahl und Häufigkeit der Maschenabnahmen für den Halsausschnitt der jeweiligen Strickanleitung entnehmen. Dieses Beispiel zeigt, wie die Verteilung der Abnahmen aussehen könnte.
Die mittleren Maschen für den Halsausschnitt nicht abketten, sondern auf einer Sicherheitsnadel stillegen.

Die beiden Vorderteilhälften bis zur Schulter getrennt weiterstricken. Die Abnahmen der rechten Hälfte werden in der Rückreihe auf der linken Seite vorgenommen, dafür die Randmasche links abheben, die nächste Masche links stricken und die abgehobene Masche über die gestrickte ziehen.

Für die Abnahmen der linken Vorderteilhälfte die Randmasche rechts abheben, die nächste Masche rechts stricken und die abgehobene über die gestrickte Masche ziehen.

Blende stricken
Mit dem Herausstricken der Ausschnittblende an der Schulternaht beginnen. Die Länge des Halsausschnitts abmessen und anhand der Maschenprobe ausrechnen, wieviele Maschen für die Blende benötigt werden.
Als Hilfestellung für eine gleichmäßige

Verteilung der Maschenaufnahme alle 10 cm einen Markierungsring rund um den Halsausschnitt einhängen, dann ist genau zu sehen, wieviele Maschen innerhalb dieser Abschnitte aufgenommen werden müssen.
Wird die Blende im Rhythmus eine Masche rechts, eine Masche links gestrickt, muß die Maschenzahl durch zwei teilbar sein. Nach der gewünschten Blendenhöhe die Maschen italienisch (wie auf dem Foto) oder mit Kettmaschen abketten.
Auf die gleiche Art und Weise werden die Maschen für einen Rollkragen aufgenommen, der Kragen wird dann entsprechend hochgestrickt.

Andersfarbige Blende

Die Maschen wie vorher beschrieben abketten. Die Maschen für die Blende ebenfalls wie beschrieben aufnehmen, möglichst allerdings in der Garnfarbe des Vorderteils.
Die erste Runde ebenfalls in dieser Farbe stricken, danach mit der anderen Farbe weiterarbeiten. Wird die Blende im Rhythmus zwei Maschen rechts, zwei Maschen links gestrickt, so muß die Anzahl der Blendenmaschen durch vier teilbar sein.

Doppelte Rollblende

Will man eine doppelte Rollblende stricken, muß der Halsausschnitt weiter sein als mit einer einfachen Blende. Halsausschnitt laut Anleitung abketten. Maschen wie oben aufnehmen. Die Blende ca. 5–7 cm glatt rechts stricken und locker abketten. Aus dem Halsausschnittrand nochmal Maschen für die zweite Rollblende aufnehmen, jetzt aber 2–3 Maschen weniger pro 10 cm Ausschnittlänge. Die zweite Rollblende ca. 2 cm länger als die erste stricken und die Maschen abketten.

Krebsmaschen

Hier handelt es sich zwar um keine wirkliche Blende, aber diese Art eines Kantenabschlusses gehört unbedingt dazu. Die Maschen werden gehäkelt und ergeben einen dekorativen kordelartigen Rand.
Mit der Häkelnadel feste Maschen von links nach rechts in die Strickkante häkeln.
Von vorne in die Randmasche einstechen, mit der Häkelnadel über den Faden fassen und zur Schlinge durchholen, ein zweites Mal den Faden durchholen und beide Maschen auf der Häkelnadel abhäkeln.

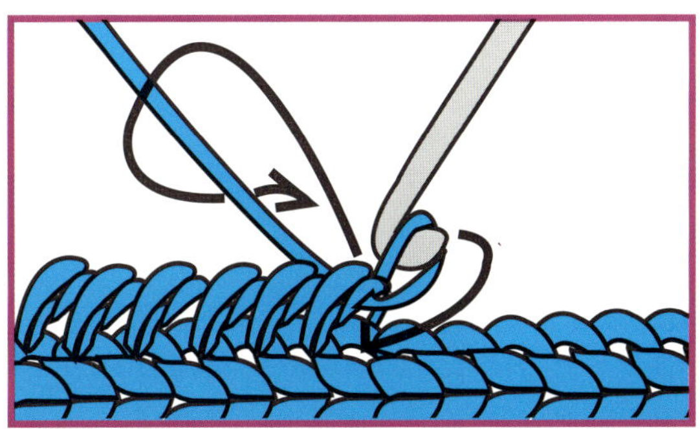

Blenden

Gerade Blende

Damit eine Blende z B. an einer Jackenkante glatt liegt und sich nicht wellt oder einzieht, muß man schon beim Stricken einiges beachten.
Bei Vorderteilen beispielsweise die Randmaschen in jeder Reihe stricken, am besten im Nahtrand (siehe Seite 38), bei kraus rechts Gestricktem im Knötchenrand (siehe Seite 38). Um die Maschenanzahl der Blende festzulegen, die Blende der Länge nach ausmessen und anhand der Maschenprobe im Blendenmuster (ganz wichtig) die Maschen auszählen. Als Faustregel gilt: aus vier quergestrickten Reihen immer drei Maschen herausstricken. Werden Maschen aus einer Anschlagkante für eine Blende aufgenommen, dann in gleicher Anzahl. Beim Auffassen der Maschen immer die ganze Randmasche oder Anschlagmasche durchstechen, sonst kippt die Blende um.

Senkrechte Blende

Die Maschen wie oben beschrieben aus den Randmaschen auffassen. Wird die Blende im Rhythmus eine Masche rechts, eine Masche links gestrickt, braucht man eine ungerade Maschenanzahl, damit neben der Randmasche immer eine rechte Masche auf der Vorderseite liegt. Beim Rhythmus zwei Maschen rechts, zwei Maschen links muß die Maschenzahl durch vier teilbar sein, dann liegen neben der Randmasche immer zwei Maschen rechts.
Die Blende in der gewünschten Höhe stricken, bei Bedarf Knopflöcher einarbeiten. Am schönsten wird die Blende, wenn die Maschen italienisch abkettet sind. Bei einer doppelt gestrickten Blende nach der normalen Blendenhöhe auf der Vorderseite eine Reihe linker Maschen als Bruchkante stricken. Blende in der gewohnten Maschenfolge weiterstricken, dabei erneut die Knopflöcher einstricken. Zum Schluß entweder die Maschen abketten und entlang des Auffaßrandes annähen oder die offenen Maschen ohne Abketten direkt an der Kante annähen.

Blende mit Ecken

Die Maschen wie beschrieben aus den Randmaschen und Anschlagmaschen aufnehmen, dabei an jeder Ecke eine zusätzliche Masche herausstricken und mit Markierungsringen kennzeichnen. In jeder zweiten Reihe oder Runde vor und nach dieser Eckmasche je eine zusätzliche Masche herausstricken: Querfaden zur vorherigen oder nachfolgenden Masche auf die linke Nadel legen und je nach Musterfolge rechts oder links verschränkt abstricken. Blende in der gewünschten Höhe stricken und abketten. Bei der doppelt gestrickten Blende in der normalen Blendenhöhe eine Reihe oder Runde linker Maschen stricken. Danach im Maschenrhythmus weiterstricken, jedoch in jeder zweiten Reihe oder Runde die beiden Maschen vor und nach der Eckmasche überzogen zusammenstricken.
Bei der klassischen Lösung wird die Blende glatt rechts gestrickt und die Ecke durch Lochbildung noch betont: Maschen wie oben beschrieben aufnehmen, die Eckmaschen markieren. In jeder zweiten Reihe oder Runde vor und nach der Eckmasche einen Umschlag machen, in der nachfolgenden Reihe oder Runde die Maschen stricken, wie sie erscheinen.

V-Ausschnitt mit hochlaufenden Maschen

Für eine Ausschnittblende mit zwei hochlaufenden Rechtsmaschen das Vorderteil mit gerader Maschenzahl stricken. In Höhe des V-Ausschnitts die beiden mittleren Maschen auf einer Sicherheitsnadel stillegen. Die Schrägen beidseitig der stillgelegten Maschen getrennt weiterstricken.
Bei der rechten Vorderteilhälfte die Abnahmen auf der Vorderseite durch Zusammenstricken der dritt- und vorletzten Masche ausführen, die letzte Masche (= Randmasche) immer links stricken. In den Rückreihen die Maschen stricken wie sie erscheinen. Werden statt in jeder zweiten nur in jeder vierten Reihe zwei Maschen zusammengestrickt, in den Reihen ohne Abnahmen die letzten beiden Maschen links stricken.
Für die Schrägung der linken Vorderteilhälfte die erste Masche (= Randmasche) links stricken und die nächsten beiden Maschen überzogen zusammenstricken. Auch hier in Hinreihen ohne Abnahmen die ersten beiden Maschen einschließlich Randmasche links stricken. Vorder- und Rückenteil an den Schulternähten zusammennähen bzw. -stricken.

An einer Schulternaht beginnend, die Maschen für die Ausschnittblende aufnehmen. Damit die Blende nicht zu locker wird, aus der Schräge für den Ausschnitt aus vier Reihen je drei Maschen aufnehmen, aus der rückwärtigen Halsausschnittrundung dagegen jede Masche aufnehmen. Die gesamte aufgenommene Maschenzahl muß durch vier teilbar sein.
In der ersten Runde nach dem Aufnehmen der Maschen nur rechte Maschen stricken. In der folgenden Runde die Maschen im Rhythmus zwei Maschen rechts, zwei Maschen links einteilen. Darauf achten, daß die Maschen neben den beiden Mittelmaschen linke Maschen sind.
Die erste Mittelmasche mit der davorliegenden linken Masche rechts zusammenstricken. Die zweite Mittelmasche wie zum Rechtsstricken abheben, die folgende linke Masche rechts stricken und die abgehobene Masche darüberziehen. Die Abnahmen beidseitig der Mittelmaschen in jeder Runde vornehmen. Die letzte Runde italienisch oder durch Überziehen abketten.
Wird die Ausschnittblende im Rhythmus eine Masche rechts, eine

Blenden

Masche links gearbeitet, gilt folgendes Vorgehen:
Das Vorderteil muß eine ungerade Maschenzahl haben. Die mittlere Masche für die Blende auf eine Sicherheitsnadel legen und die Schrägung wie oben ausführen.
Maschen für die Blende aufnehmen, in der ersten Runde nur rechte Maschen stricken. Ab der zweiten Runde wird aus drei Maschen eine gemacht: Bis eine Masche vor die Mittelmasche stricken, Mittelmasche und Masche davor zusammen rechts abheben, die nächste Masche stricken, wie sie erscheint, und die beiden abgehobenen Maschen über die gestrickte ziehen. In jeder Runde auf diese Weise die Maschen abnehmen. Die letzte Runde italienisch oder durch Überziehen abketten.

Stumpfer V-Ausschnitt, Blende übereinander

Bei übereinanderliegender Blende das Vorderteil wieder mit gerader Maschenzahl stricken. In Höhe des Ausschnittbeginns die mittleren Maschen in Breite der Blende abketten, hier sind es acht Maschen. Die Ausschnittschrägung arbeiten wie oben beschrieben. Vorder- und Rückenteil an den Schulternähten schließen. Mit der Maschenaufnahme für die Blende an der unteren linken Ecke beginnen und an der unteren rechten Ecke enden. Auch hier aus jeweils vier Reihen drei Maschen aufnehmen, die Maschen des rückwärtigen Halsausschnitts vollständig aufnehmen. Auf ungerade Maschenzahl achten und in der ersten Rückreihe nur linke Maschen stricken, dabei in

den Ecken eine zusätzliche Randmasche zunehmen.
In der ersten Hinreihe die Masche nach der Randmasche rechts stricken, dann die Maschen im Rhythmus eine Masche links, eine Masche rechts abstricken. Die letzte Masche vor der Randmasche ist ebenfalls eine rechte Masche. Die Blende so breit stricken, daß die schmale Querkante die gleiche Breite hat wie die abgeketteten Maschen in der Mitte des Vorderteils. Schließlich alle Maschen abketten.
Zuerst die obenliegende Blendenkante mit dem Matratzenstich annähen. Dafür zwei Querfäden der Blende zwischen Randmasche und rechter Masche mit der Sticknadel auffassen, nach unten in die Reihe unterhalb der abgeketteten Maschen einstechen und zwei Maschengliedhälften aufnehmen. In der Blende wieder da einstechen, wo der letzte Stich herauskam (siehe Seite 50). Die untere Blendenhälfte von der linken Seite her festnähen.
Wird die Blende im Rhythmus zwei Maschen rechts, zwei Maschen links gestrickt, muß die aufgenommene Maschenzahl teilbar sein durch vier plus zwei Maschen. Auch dann in der ersten Rückreihe nur rechte Maschen stricken.

Stumpfer V-Ausschnitt mit Musterblende

Für eine mitgestrickte Musterblende wieder zunächst das Vorderteil mit gerader Maschenzahl stricken und in Höhe des Ausschnittbeginns die mittleren Maschen in Musterbreite für die Blende markieren. Für die rechte Schrägung der Vorderteilhälfte (Blende liegt später unten) die beiden letzten Maschen vor den markierten Mittelmaschen zusammenstricken. Anschließend die Maschenanzahl anschlagen, die für die Musterbreite der Blende notwendig ist. Die Abnahmen der Ausschnittschrägung wie oben vornehmen, sie liegen jedoch nicht am Rand, sondern vor dem Musterbeginn der Blende.

Muster der rechten Blende:
10 Maschen breit einschließlich 1 Randmasche, in den Rückreihen die Maschen stricken, wie sie erscheinen.
1.–4. Reihe: 2 Maschen links, 6 Maschen rechts, 1 Masche links, Randmasche.
5. Reihe: 2 Maschen links, 3 Maschen auf eine Hilfsnadel hinter die Arbeit legen, 3 Maschen rechts, Maschen der Hilfsnadel rechts stricken, 1 Masche links, Randmasche.
6.–8. Reihe: wie 1.–4. Reihe, im weiteren Verlauf die 1.–8.Reihe immer wiederholen.

Die zweite Vorderteilhälfte gegengleich stricken, dabei die erste markierte Masche als Randmasche stricken und die folgendenden Maschen im Blendenmuster. Die beiden Maschen nach dem Blendenmuster für die Ausschnittschräge rechts zusammenstricken.

Muster der linken Blende:
1.-4. Reihe: Randmasche, 1 Masche links, 6 Maschen rechts, 2 Maschen links.
5. Reihe: Randmasche, 1 Masche links, drei Maschen auf eine Hilfsnadel vor die Arbeit legen, 3 Maschen rechts, Maschen der Hilfsnadel stricken, 2 Maschen links.
6.-8. Reihe: wie 1. - 4. Reihe.
Alle Rückreihen des Musters stricken wie sie erscheinen.

Beide Vorderteilhälften bis zur Schulter stricken und alle Maschen einschließlich der Blendenmaschen abketten.

Formstricken

Schnittformen

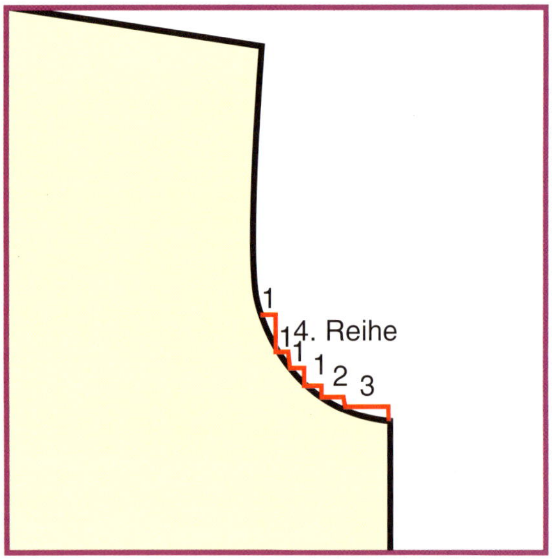

Für gerundete Formen nach dem Pulloverschnitt enthalten die jeweiligen Anleitungen genaue Anweisungen, wie oft und wieviele Maschen abgenommen werden. Strickt man aber nach eigenen Vorstellungen, hier eine Hilfestellung, wie Abnahmen aussehen können.
Vor dem Stricken einen Papierschnitt anfertigen, die Maße entweder einem alten Pullover oder einem in der Größe passenden Schnitt einer Vorlage entnehmen. Es genügt, die Schnitteile jeweils bis zur Mittellinie (Strich-Punkt-Linie) aufzuzeichnen. Vorder- und Rückenteil kann man dabei gut in einen Schnitt einzeichnen, da sie sich nur durch den Ausschnitt unterscheiden.
Die Abnahmen für Rundungen erfolgen in Stufen, die sich durch die Anzahl der abgenommenen Maschen pro Reihe und die Häufigkeit der Abnahmen der Reihen wiederholen, z. B. ist eine Abnahme in jeder zweiten Reihe flacher als in jeder vierten Reihe.
Anhand der Maschenprobe ausrechnen, wieviele Reihen in der Höhe für die Abnahmen zur Verfügung stehen, und wieviele Maschen in der Breite abgenommen werden. Außerdem muß bekannt sein, wieviele Zentimeter zwei Reihen in der Höhe ergeben, denn öfter als in jeder zweiten Reihe kann man nicht abnehmen.
An den Rand der Schnittform nun waagerechte Linien mit dem Abstand von zwei Reihen zeichnen. An den Punkten, an denen die Waagerechten die Schnittlinie treffen, einen senkrechten Strich nach oben bis zur nächsten Linie ziehen. Diesen Vorgang wiederholen, bis alle Stufen eingezeichnet sind. Die Länge der einzelnen Stufen abmessen, und anhand der Maschenprobe die Anzahl der Maschen in der Breite errechnen. Über jede Stufe die Zahl der Maschen schreiben, außerdem bei den entsprechenden Stufen anmerken, wenn nur in der vierten Reihe abgenommen wird. (Die gezeigten Abnahmen sind nur ein Beispiel und haben keine grundsätzliche Gültigkeit.)
Es ist wichtig, beim Stricken der Schnittformen immer wieder die Strickarbeit auf den Schnitt zu legen, um die richtige Form der Rundung einzuhalten.

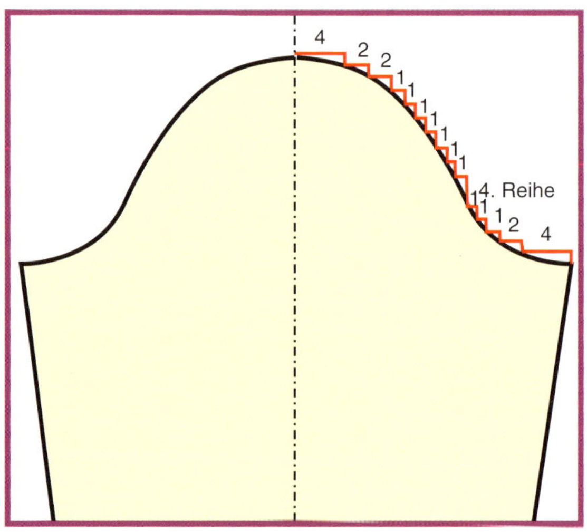

Halsausschnitt

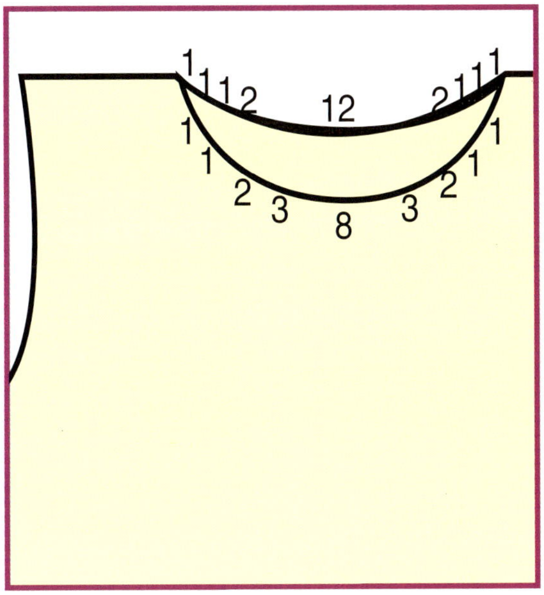

Das Prinzip ist das gleiche wie vorher beschrieben. Ein Halsausschnitt ist üblicherweise im Vorderteil etwa 6 bis 9 cm tief und insgesamt 18 bis 22 cm breit. Im Rückenteil ist er ca. 2 cm tief, aber genauso breit. Will man einen sehr breiten Ausschnitt, so sollte er in der vorderen Mitte nicht zu tief sein, außer bei dem sogenannten Carmenausschnitt: Der wird dann auch im Rückenteil tiefer gearbeitet.

Schulterschrägung

Die Anzahl und Häufigkeit der Abnahmen für die Schulterschrägung bei Vorder- und Rückenteil nach dem beschriebenen Prinzip errechnen. Die Abnahmen mit überzogenen Maschen vornehmen.

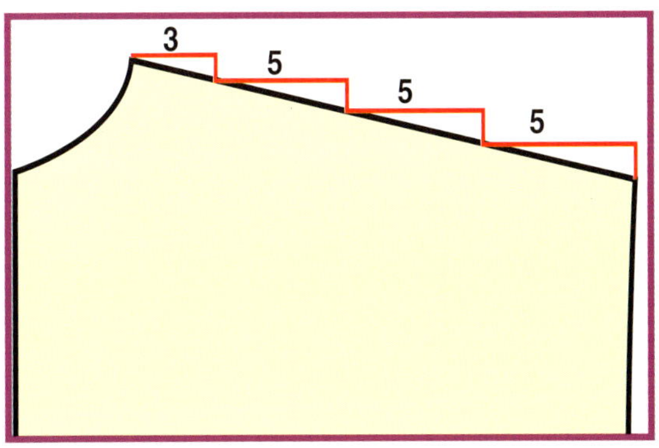

Raglanschrägung

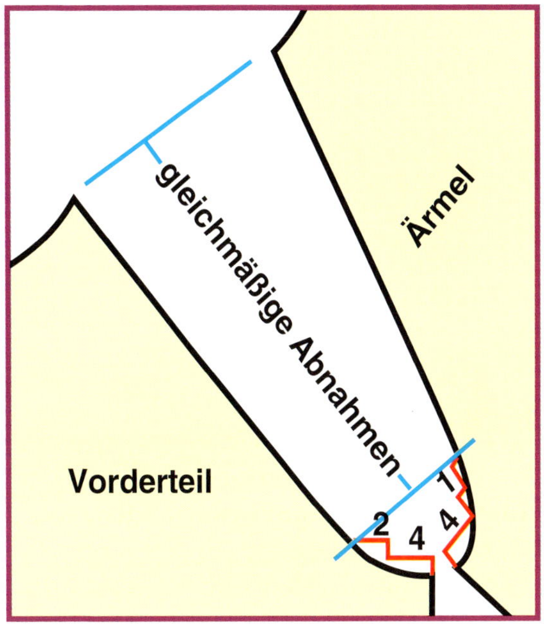

Um die Maschenabnahmen für einen Raglanärmel korrekt auszurechnen, ist unbedingt ein passender Schnitt nötig. Außerdem ist es von Vorteil, wenn man bereits über etwas Erfahrung beim Stricken verfügt.
Die Anzahl und Häufigkeit der Abnahmen nach dem oben genannten Prinzip errechnen. Einen Raglanärmel kann man auch durchgehend in Runden stricken, d. h., nach den ersten Abnahmen am Ärmel und dem Vorderteil werden die Maschen des getrennt hochgestrickten Ärmels zwischen Vorder- und Rückenteil auf eine Rundstricknadel genommen. Die Abnahmen erfolgen dann vor und nach den hochlaufenden Maschen bzw. nach einem Muster, das den Verlauf des Raglans betont (z. B. der Kindertroyer auf S. 84).

Gerade eingesetzter Ärmel mit Schräge

Diese Form des Ärmeleinsatzes hat mehrere Vorteile. Zum Beispiel ist die Schulter nicht überschnitten, was manchmal einen sehr wuchtigen Gesamteindruck macht, vor allem wenn der Träger oder die Trägerin etwas breitere Schultern hat. Außerdem entfällt durch den schrägen Einsatz unter dem Arm der sonst übliche Wulst gerade bei dicker Wolle. Die Schrägung im Schnitt einzeichnen, meistens liegt sie bei 45 Grad. Folgendes muß dabei beachtet werden:

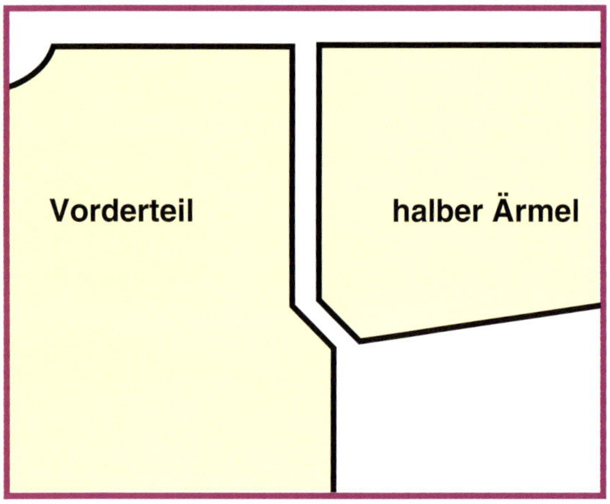

Da die Anzahl und Häufigkeit der Abnahmen durch die unterschiedliche Maschenbreite und -höhe bei Vorderteil und Ärmelteil differieren, muß die Maschenabnahme für die Schrägung von Vorderteil und Ärmel jeweils extra berechnet werden.

Übrigens ...

Vielen Linkshändern wird die Freude am Stricken dadurch verleidet, daß sie beim Stricken zum Rechtshänder gezwungen werden. Es gibt aber eine einfache Lösung dieses Problems: Sie benützen die Anleitung für Rechtshänder und tauschen einfach die Seiten aus. Das Maschenbild ist immer das gleiche, egal, ob Sie die Maschen von rechts nach links oder von links nach rechts stricken. Ein kleiner Tip: Gehen Sie in einen Copy-Shop und lassen Sie sich die entsprechenden Zeichnungen spiegelverkehrt kopieren. Am besten streichen Sie zusätzlich die Textstellen mit der Bezeichnung der Hände durch und tragen dort auch die jeweils andere Hand ein. Anschlagen: Führen Sie den Anschlag durch, indem Sie den Wollfaden in der rechten Hand und die Nadeln in der linken Hand halten. Kreuz- oder italienischen Anschlag durchführen. Linke Maschen: Für die erste Rück-Reihe linker Maschen den Strickfaden auf den rechten Zeigefinger wickeln, gleichzeitig die Nadel mit dem Maschenanschlag in der rechten Hand halten. Den Strickfaden vor die erste Masche legen, mit der linken Nadelspitze von links nach rechts in die Masche einstechen, die Nadelspitze über den Strickfaden führen, den Faden mit der Nadelspitze nach unten durch das Maschenglied durchziehen. Abgestrickte Masche auf die rechte Nadel gleiten lassen. Rechte Maschen: Mit der linken Nadelspitze von links nach rechts in das Maschenglied auf der rechten Nadel einstechen, die Nadel über den Strickfaden führen und den Faden durch das Maschenglied durchholen. Dabei die abgestrickte Masche auf die rechte Nadel gleiten lassen.

Schnitt vergrößern

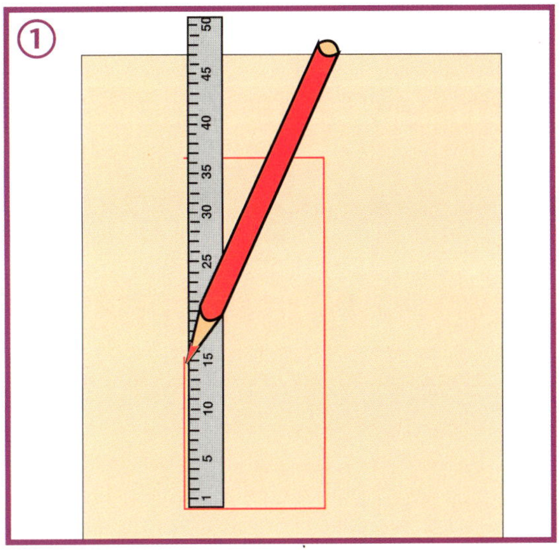

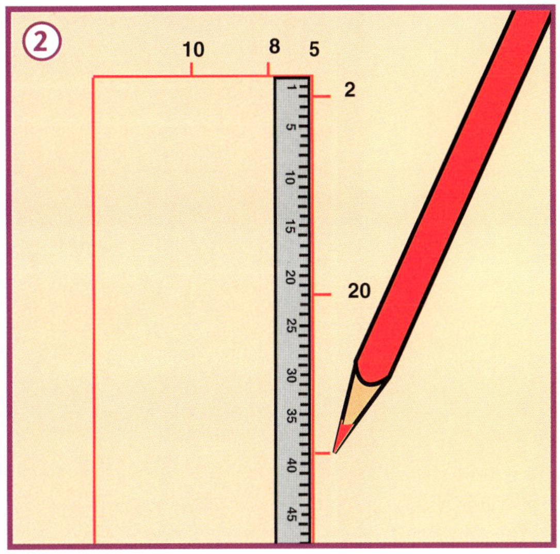

① Die angegebenen Maße entlang der waagerechten und senkrechten Bemessungslinien addieren. Auf Schnittpapier ein Rechteck mit diesen errechneten Maßen aufzeichnen.

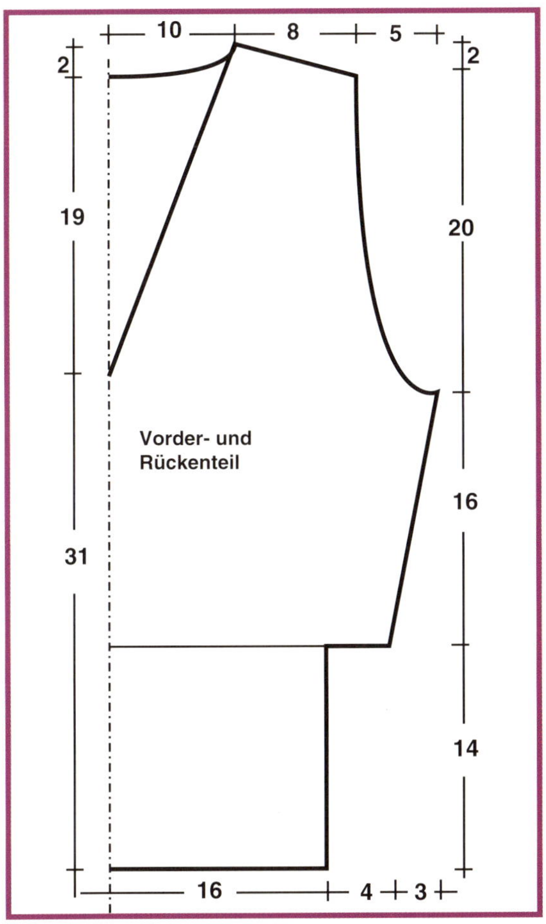

② Entlang des Rechtecks die Maße mit der Längenbezeichnung anzeichnen.

③ Zuerst die geraden Linien mit einem Lineal zwischen den eingezeichneten Punkten verbinden. Danach die Rundungen wie Halsausschnitt oder Armausschnitt zuerst gestrichelt, dann durchgezogen nachziehen. Den Rundungsverlauf immer wieder mit der Vorlage vergleichen und auf fließende Formen achten.

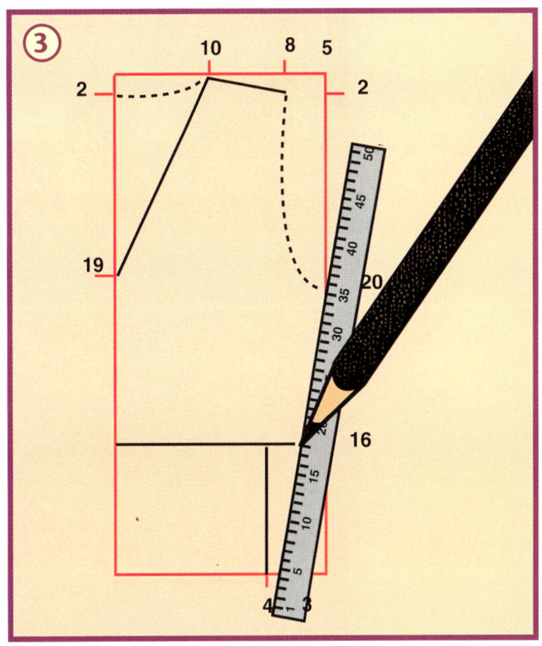

Grundmodelle

Muster und Farben variieren macht Spaß. Ob Fäustlinge, Socken oder Pullis – anhand genauer Anleitungen können Sie unsere Grundmodelle nach Ihren eigenen Ideen gestalten.

Abkürzungen und Symbole

|	Rechte Masche
—	Linke Masche
	Maschenanzahl der Kästchen, durch die der rechte waagerechte Strich geht, auf eine Hilfsnadel **vor** die Arbeit legen; Maschenanzahl der Kästchen, durch die der linke waagerechte Strich geht, abstricken, danach Maschen der Hilfsnadel abstricken.
	Maschenanzahl der Kästchen, durch die der rechte waagrechte Strich geht, auf eine Hilfsnadel **hinter** die Arbeit legen; Maschenanzahl der Kästchen, durch die der linke waagerechte Strich geht, abstricken, danach Maschen der Hilfsnadel abstricken.
▶▶▶	Eine Masche auf eine Hilfsnadel **vor** die Arbeit legen, die folgenden zwei Maschen links stricken, die Maschen der Hilfsnadel rechts stricken.
◀◀◀	Eine Masche auf eine Hilfsnadel **hinter** die Arbeit legen, die folgenden zwei Maschen rechts stricken, die Masche der Hilfsnadel links stricken.
M	Masche
re M	rechte Masche
li M	linke Masche
zus.str.	zusammenstricken
R	Reihe
Rd	Runde
...	Angaben zwischen Zeichen fortlaufend wiederholen

Pulli mit einfachem Norwegermuster

BÜNDCHEN
2 M re, 2 M li im Wechsel

GRUNDMUSTER
Faden doppelt verarbeiten: Glatt re, in Hin-R re M, in Rück-R li M

MASCHENPROBE IM GRUNDMUSTER
16 M in der Breite und 22 R in der Höhe ergeben 10 cm im Quadrat.

RÜCKENTEIL
102 M mit doppeltem Faden in Jeansmeliert anschlagen und 4 cm im Bündchenmuster stricken. Weiter im Muster I glatt re stricken, nach der 7. R (Einstrickmuster) in Marine weiterstricken. In 38 cm Gesamthöhe Muster II in den angegebenen Farben einstricken. 8 cm in Jeansmeliert glatt re stricken, dann Muster III einarbeiten. Nach dem Musterende weitere 10 cm weiterstricken und Muster IV einstricken. In 67 cm Gesamthöhe die mittleren 30 M stillegen, bis zur Schulter die Rückenteilhälften getrennt weiterarbeiten. Für den Halsausschnitt beidseitig 1mal 3 M, 1mal 2 M und 2mal 1 M abnehmen. In 70 cm Gesamthöhe Schulter-M abketten.

VORDERTEIL
Bis zur Gesamthöhe von 62 cm wie das Rückenteil stricken. Für die Halsausschnittrundung in der vorderen Mitte 22 M auf einer Nadel stillegen, dann beidseitig noch 1mal 4 M, 2mal 2 M und 2mal 1 M abketten. In 70 cm Gesamthöhe Schulter-M abketten.

ÄRMEL
42 M in Jeansmeliert anschlagen und 4 cm im Bündchenmuster stricken. In der Rück-R gleichmäßig verteilt 5 M zunehmen. Weiter im Muster I arbeiten, anschließend in Marine bis zur Gesamthöhe von 50 cm stricken, danach Muster II einstricken. Noch 2 cm in Jeansmeliert stricken und alle M abketten. Gleichzeitig ab Bündchen für die Ärmelschrägung beidseitig 22mal 1 M abwechselnd in jeder 4. und 6. Rd zunehmen. Zum Schluß befinden sich 91 M auf der Nadel.

AUSARBEITUNG
Zum Schluß müssen alle Teile gespannt, befeuchtet und über Nacht getrocknet werden. Schulternähte schließen. Ärmel offen einnähen und anschließend die Ärmel- und Seitennähte durchgehend schließen. Aus

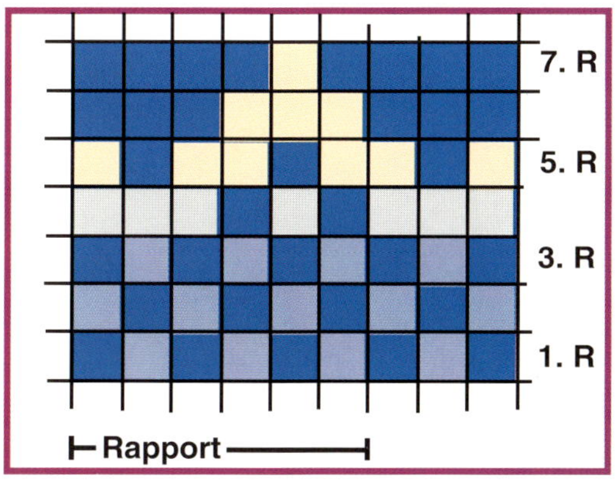

Muster I

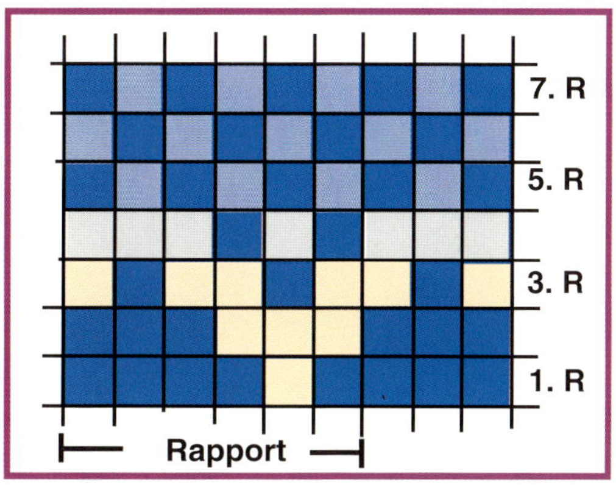

Muster II

GRÖSSE 48/50

MATERIAL
Schachenmayr nomotta Extra aus reiner Schurwolle (oder entsprechendes Garn):

700 g in Marine

350 g in Jeansmeliert

50 g in Saharameliert

50 g in Marmormeliert

Stricknadeln Nr. 5,5

marine, # 3511

jeans mel. # 3563

sahara mel. # 3556

marmor mel. # 3551

Pulli mit einfachem Norwegermuster

Muster IV

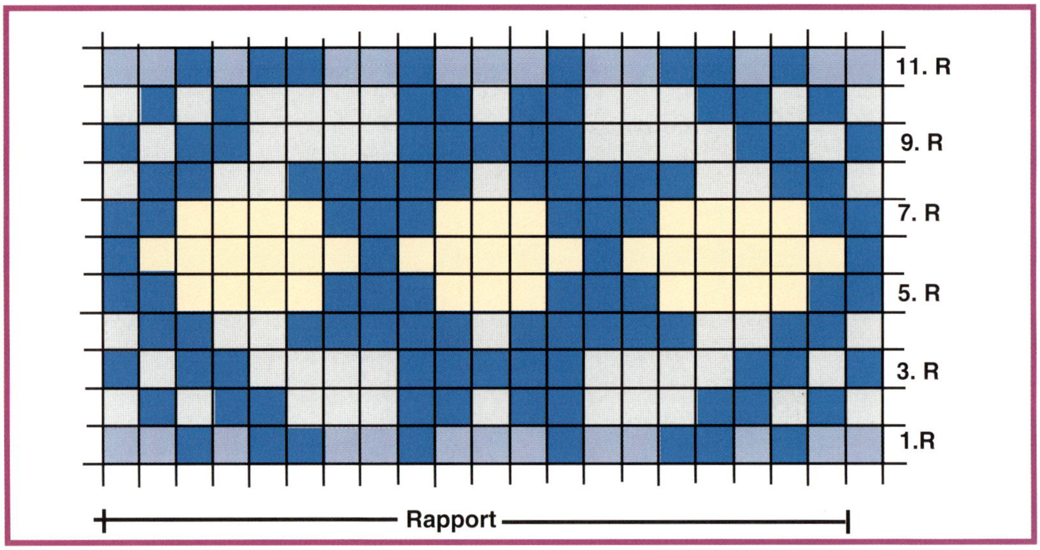

Muster III

dem Halsausschnitt 96 M einschließlich der stillgelegten M auffassen und dann 5 cm im Bündchenmuster stricken. Schließlich werden alle M abgekettet.

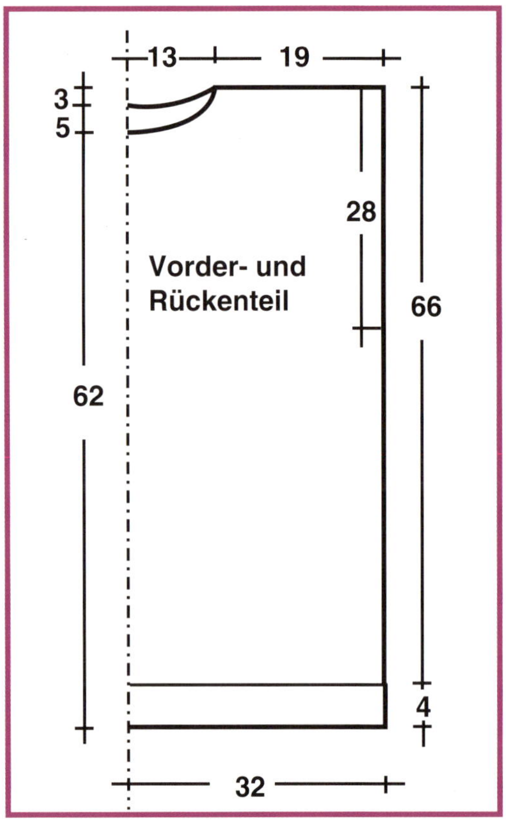

Der Pullover mit einfachem Norwegermuster eignet sich in dieser Größe (Gr. 48/50) vor allem für Herren, doch an kalten Wintertagen, wenn es draußen stürmt und schneit, werden auch Damen diese legere Form gern tragen.

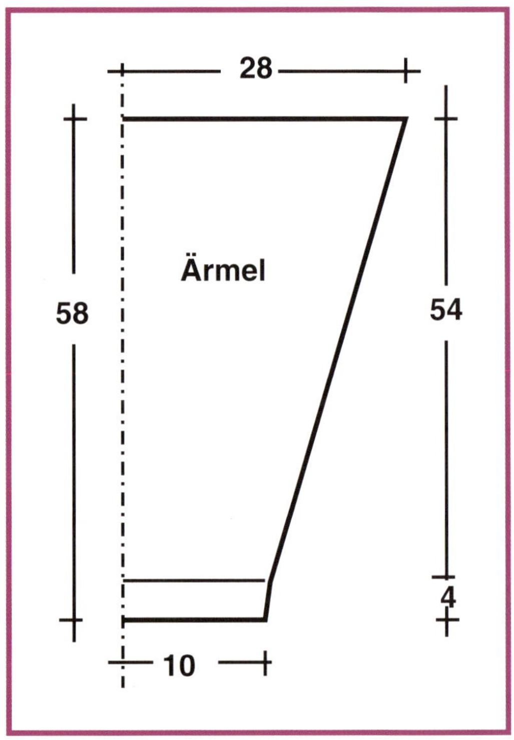

Pulli aus geraden Teilen

DAMENGRÖSSE
38/40

MATERIAL

750 g Schachenmayr Extra in Royalblau Nr.3512 reine Schurwolle (oder vergleichbares Garn)

Stricknadeln Nr. 3,5

Häkelnadel Nr. 3,5

GRUNDMUSTER

Kraus re, alle M werden in R re gestrickt.

MASCHENPROBE IM GRUNDMUSTER

20 M in der Breite und 40 R in der Höhe ergeben 10 cm im Quadrat.

RÜCKENTEIL

117 M mit Nadel Nr. 3,5 anschlagen und kraus re stricken. Dabei in den Hin-R die mittlere M immer li stricken, das ergibt den Naht-Effekt. In 73 cm Gesamthöhe für die Halsausschnittrundung die mittleren 30 M abketten, beidseitig in jeder 2. R 2mal 2 M und 1mal 1 M abketten. Die Schulter-M auf einer Nadel stilllegen.

VORDERTEIL

Wie das Rückenteil stricken, jedoch in 53 cm Gesamthöhe die Arbeit in der Mitte teilen und beide Vorderteilhälften getrennt weiterstricken.
Für die Schrägung des V-Ausschnitts 20mal in jeder 4. R je 1 M abnehmen. In 75 cm Gesamthöhe die Schulter-M auf einer Hilfsnadel stillegen, die andere Vorderteilhälfte gegengleich beenden.

ÄRMEL

50 M anschlagen und im Grundmuster stricken. Für die Ärmelschrägung beidseitig abwechselnd in jeder 6. und 8. R 25mal je 1 M zunehmen. In 45 cm Gesamtlänge alle 100 M abketten.

AUSARBEITUNG

Die Teile spannen, befeuchten und über Nacht trocknen lassen. Vorder- und Rückenteil rechts auf rechts aufeinanderlegen. Mit einer 3. Stricknadel die Schulter-M zus. str. und gleichzeitig abketten. Die Ärmel offen von Querzeichen bis Querzeichen annähen, die Ärmel- und Seitennaht bis zum Schlitz durchgehend schließen. Ausschnitt-, Ärmel- und Schlitzkante mit Krebs-M umhäkeln (Anl. S. 59).

Dieser einfache Pullover eignet sich besonders für Anfänger. Glänzendes Viskose- oder Seidenmischgarn ergibt einen modischen Satinglanz. Sie können den Grundschnitt mit Zopf- oder Einstrickmustern variieren oder als Sommerpulli stricken: taillenkurz (etwa 44 cm von der Schulter gemessen) und ohne Ärmel.

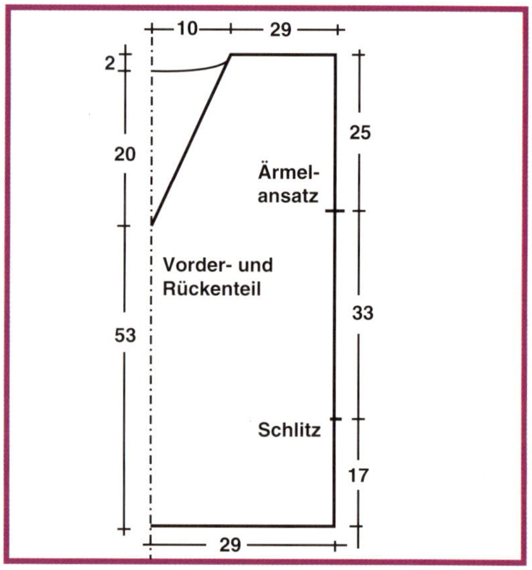

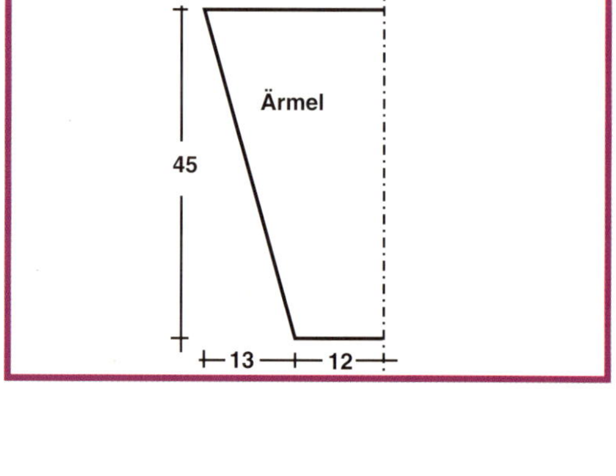

Pullunder mit Zopfmuster

DAMENGRÖSSE 36/38

MATERIAL

150 g Kid Mohair von Jaeger in Gelbgrün (oder vergleichbares Mohair-Garn)

Rundstricknadeln Nr. 3,5 und 4,5

BÜNDCHEN

2 M re, 2 M links

GRUNDMUSTER

1.–4. R: * 2 M li, 8 M re *
5. R: 2 M li, 4 M auf eine Hilfsnadel **hinter** die Arbeit, 4 M re, M der Hilfsnadel re stricken
6.–8. R: wie 1.–4. R

MASCHENPROBE

Bündchenmuster: 20 M in der Breite und 28 R in der Höhe ergeben 10 cm im Quadrat; Grundmuster: 28 M in der Breite und 26 R in der Höhe ergeben 10 cm im Quadrat.

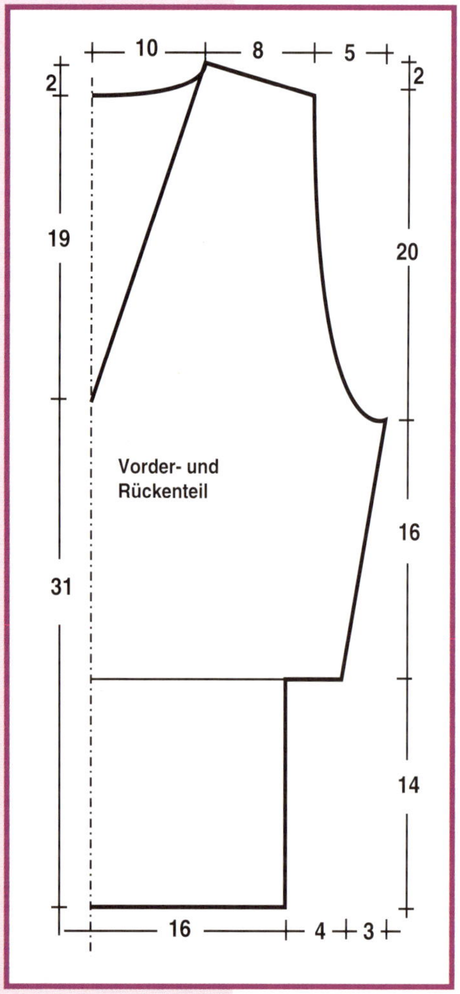

RÜCKENTEIL

82 M mit Nadel Nr. 3,5 anschlagen und 14 cm im Bündchenmuster stricken. In der Rück-R nach dem Bündchen gleichmäßig verteilt 32 M zunehmen. Mit Nadeln Nr. 4,5 weiterarbeiten, dabei M im Grundmuster stricken. Für die seitliche Schrägung 4mal in jeder 8. R beidseitig 1 M zunehmen, zugenommene M links stricken. Nach 16 cm ab Bündchen für den Armausschnitt in jeder 2. R 1mal 6 M, 3mal 2 M und 2mal 1 M abnehmen. In 50 cm Gesamthöhe für den rückwärtigen Halsausschnitt die mittleren 36 M stillegen, die Rückenteilhälften bis zur Schulter getrennt weiterarbeiten und dabei in jeder 2. R 1mal 3 M und 2mal 2 M abnehmen. Gleichzeitig für die Schulterschrägung in 50 cm Gesamthöhe in jeder 2. R 3mal je 7 M abketten. Die andere Rückenteilhälfte gegengleich beenden.

VORDERTEIL

Bis zur Gesamthöhe von 31 cm ab Maschenanschlag wie das Rückenteil stricken, ebenso Rundung für Armausschnitt. Für V-Ausschnitt die mittleren 2 M des mittleren Zopfes auf einer Sicherheitsnadel stillegen; beide Vorderteilhälften getrennt weiterarbeiten. Für die Schrägung in jeder 2. R 25mal 1 M abnehmen. Für die Schulterschrägung in 50 cm Gesamthöhe in jeder 2. R 3mal je 7 M abketten. 2. Vorderteilhälfte gegengleich beenden.

AUSARBEITUNG

Teile spannen, befeuchten und über Nacht trocknen lassen. Seiten- und Schulternähte schließen. Für Bündchen aus Armausschnittlöchern je 88 M aufnehmen und im Bündchenmuster 3 cm stricken. M abketten. Für V-Ausschnittblende insgesamt 152 M einschließlich stillgelegter M aufnehmen und 1 Rd re M stricken. M im Bündchenmuster so einteilen, daß neben Mittel-M je 2 li M sind. In vorderer Mitte 1. Mittel-M mit der davorliegenden M und 2. Mittel-M mit nachfolgender M überzogen zus.str. Abnahmen in vorderer Mitte in jeder Rd durchführen. Nach 3 cm Blendenhöhe M abketten.

Pulli mit Zopfmuster im irischen Stil

GRÖSSE 38/40

MATERIAL

1000 g Norway von Gedifra Nr. 166 in Beige-meliert aus reiner Schurwolle (oder ähnliches Garn)

Rundstricknadeln Nr. 3,5

BÜNDCHEN

1 M re, 1 M li im Wechsel

GRUNDMUSTER

siehe Strickschriften I–IV

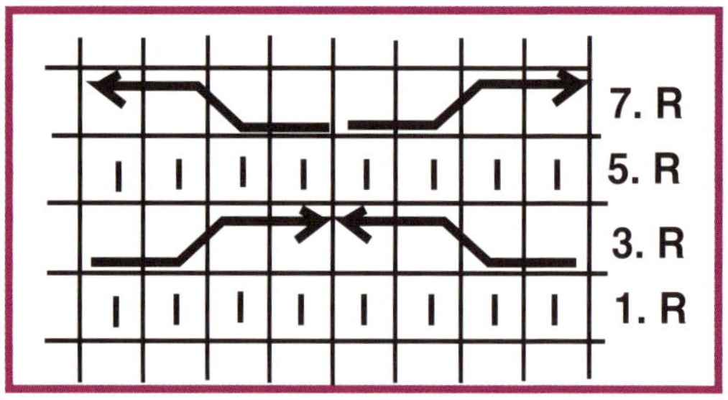

Muster I, 8 M und 8 R

ZEICHENERKLÄRUNG

I = 1 re M, — = 1 li M

▶▶▶ = 1 M auf eine Hilfsnadel **vor** die Arbeit legen, folgende 2 M li stricken, M der Hilfsnadel re stricken

◀◀◀ = 1 M auf eine Hilfsnadel **hinter** die Arbeit legen, folgende 2 M re stricken, M der Hilfsnadel li stricken

 = 3 M auf eine Hilfsnadel **vor** die Arbeit legen, 3 M re, M der Hilfsnadel re stricken

 = 3 M auf eine Hilfsnadel **hinter** die Arbeit legen, 3 M re, M der Hilfsnadel re stricken

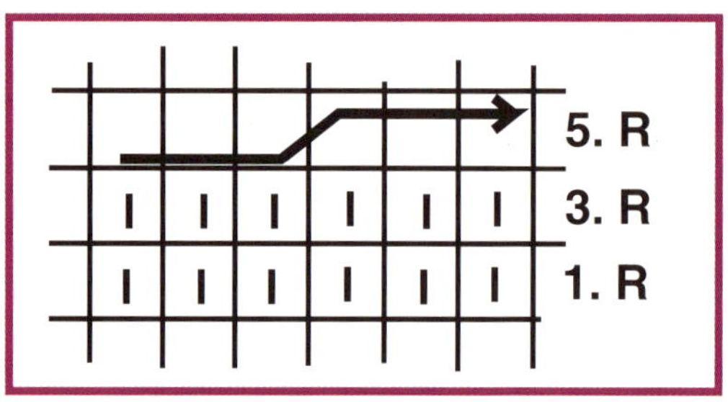

Muster IIa, 6 M und 6 R

MASCHENPROBE IM GRUNDMUSTER

20 M in der Breite und 24 R in der Höhe ergeben 10 cm im Quadrat.

RÜCKENTEIL

Mit der Rundstricknadel Nr. 3,5 108 M anschlagen und 6 cm im Bündchenmuster stricken.

In der Rück-R nach dem Bündchen gleichmäßig verteilt 16 M zunehmen, es sind insgesamt 124 M auf der Nadel.

Die Maschen folgendermaßen einteilen: Rand-M, 13 M Perlmuster, 6 M Muster IIa, 24 M Muster III, 8 M Muster I, 20 M Muster IV, 8 M Muster I, 24 M Muster III, 6 M Muster IIb, 13 M Perlmuster, Rand-M. In den Rück-R die M stricken, wie sie erscheinen.

Beachten Sie folgende Ausnahme: Muster III in der 12. und 22. R, die M sind in der Strickschrift angegeben.

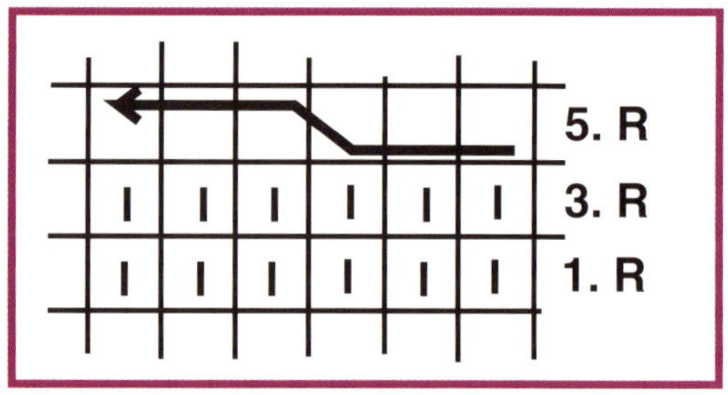

Muster II b 6 M und 6 R

Anschließend in 62 cm Gesamthöhe für den rückwärtigen Halsausschnitt die mittleren 28 M auf einer Nadel stillegen und daraufhin beidseitig in jeder 2. R einmal 3 M und einmal 2 M abketten.

Zum Schluß werden dann die restlichen 43 Schulter-M nach einer Gesamthöhe von 64 cm auf einer Nadel stillgelegt.

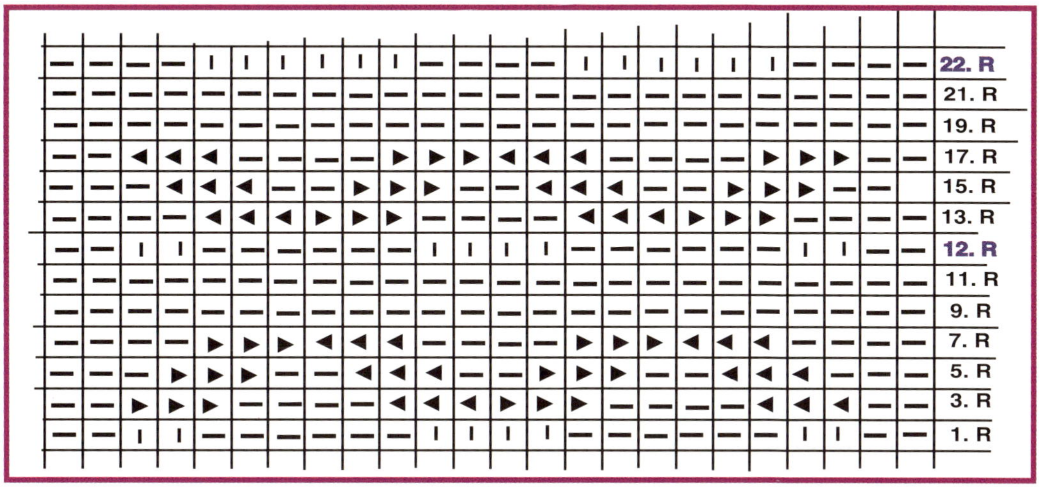

Muster III, 24 M und 22 R

VORDERTEIL

Arbeiten Sie im nächsten Schritt nun das Vorderteil auf dieselbe Weise wie das Rückenteil, jedoch in 59 cm Gesamthöhe die mittleren 18 M für den vorderen Halsausschnitt auf einer Nadel stillegen. Anschließend beidseitig in jeder 2. R einmal 3 M, 2mal 2 M und 3mal 1 M abketten.
Zum Schluß werden dann die restlichen 43 Schulter-M nach einer Gesamthöhe von 64 cm auf einer Nadel stillgelegt.

ÄRMEL

44 M anschlagen und 6 cm im Bündchenmuster stricken. In der Rück-R nach dem Bündchen gleichmäßig verteilt 22 M zunehmen, es befinden sich 66 M auf der Nadel. Die Maschen wie folgt einteilen: Rand-M, 16 M Perlmuster, 6 M Muster II a, 20 M Muster IV, 6 M Muster II b, 16 M Perlmuster, Rand-M. Für die Ärmelschrägung beidseitig in jeder 6. R 19mal je 1 M zunehmen und im Perlmuster ergänzen. Nach 47 cm alle 104 M abketten.

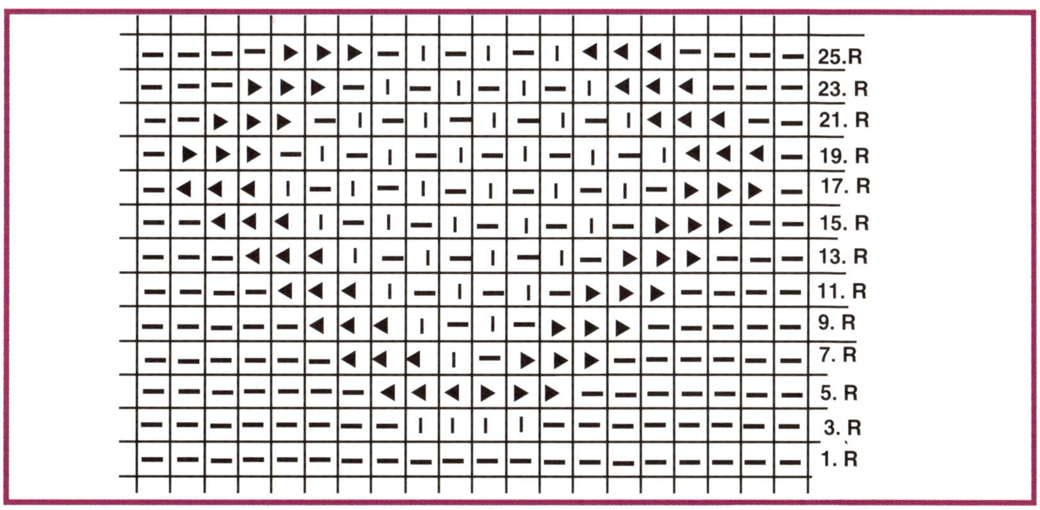

Muster IV, 20 M und 26 R

Pulli mit Zopfmuster im irischen Stil

AUSARBEITUNG

Alle Teile spannen, befeuchten und über Nacht trocknen lassen. Das Vorder- und das Rückenteil rechts auf rechts aufeinanderlegen, die stillgelegten Schultermaschen mit einer 3. Nadel zusammenstricken und dabei abketten. Die Ärmel offen an der Ärmelansatzkante annähen. Dann schließen Sie die Ärmel- und die Seitennaht durchgehend im Matratzenstich. Fassen Sie anschließend aus dem Halsausschnitt einschließlich der stillgelegten Maschen 88 M auf, und stricken Sie 3 cm im Bündchenmuster. Am Ende werden alle Maschen abgekettet.

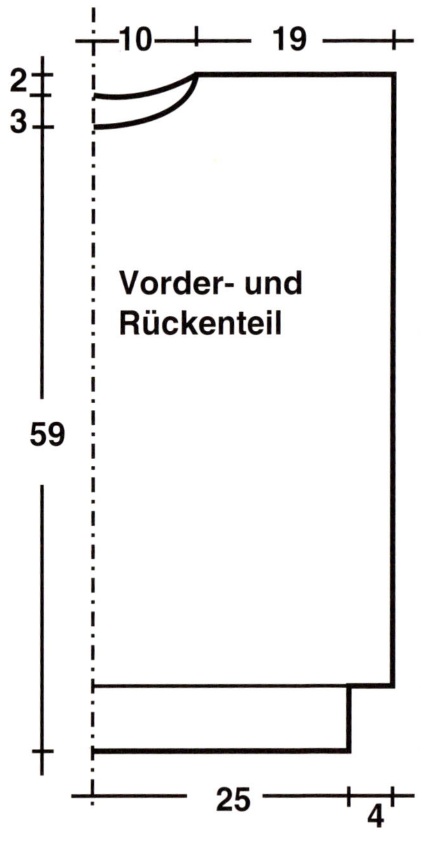

Der hier vorgestellte Pullover mit dem charakteristischen, plastischen Muster, angefertigt aus reiner Schurwolle in erdigem Weiß, ist inspiriert durch die uralte Stricktradition der Fischer auf den irischen Aran-Inseln. Die fette Schafwolle schützte vor Regen und Wind auf See, das Muster dagegen erzählte die ganz persönliche Lebensgeschichte des Fischers und war häufig bei Unglücksfällen das einzige Erkennungszeichen. Ein typisches Aran-Muster setzt sich – wie auch bei unserem Pullover – aus einem Mittelmuster, je zwei angrenzenden Seitenmustern und einem Zopf zusammen. Das Rautenmuster symbolisiert dabei durch seine Ähnlichkeit mit geschliffenen Diamanten Reichtum sowie Treue und Sicherheit. Der Zopf steht für das gedrehte Tau des Fischers, das Perlmuster für das »Irische Moos«, das bei Flut an Land gespült wurde.

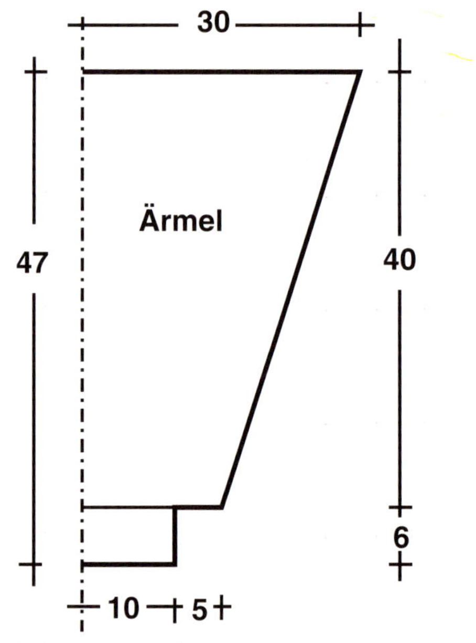

Troyer

DAMENGRÖSSE 38/40
HERRENGRÖSSE 48/50

MATERIAL

950 g Schachenmayr Extra Superweich in Jeansblau Nr. 3612, reine Schurwolle (oder vergleichbares Garn)

Rundstricknadeln Nr. 3, 3,5 und 4

Häkelnadel Nr. 4

Reißverschluß 22 cm lang

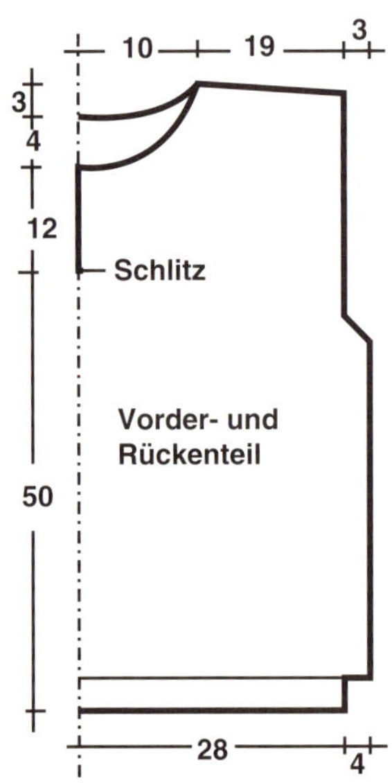

BÜNDCHEN

Italienischer Anschlag im Maschenrhythmus 1 M re, 1 M li (s. S. 22)

GRUNDMUSTER

Halbpatent (s. S. 52)
1. R (Rück-R): Rand-M, * 1 M re, 1 M li *, 1 M re, Rand-M
2. R (Hin-R): Rand-M, * Faden vor die Nadel legen, die folgende M li abheben, 1 M re *, 1 Umschlag, 1 M mit Faden vor der Nadel li abheben
Die R zwischen * und * fortlaufend wiederholen.

MASCHENPROBE IM BÜNDCHENMUSTER

28 M in der Breite und 32 R in der Höhe ergeben 10 cm im Quadrat.

MASCHENPROBE IM GRUNDMUSTER

40 M in der Breite und 42 R in der Höhe ergeben 10 cm im Quadrat.

RÜCKENTEIL

152 M mit Nadel Nr. 3 italienisch anschlagen. Nach den ersten 4 R die Nadelstärke auf 3,5 wechseln und Bündchenmuster 7 cm hochstricken. Anschließend mit Nadel Nr. 4 im Grundmuster bis in 40 cm Gesamthöhe weiterarbeiten. Für den schrägen Ärmeleinsatz beidseitig in jeder 2. und 4. R 4mal je 2 M abnehmen. Die Abnahmen mit 3 M Abstand zur Rand-M ausführen. In 66 cm Gesamthöhe für den Halsausschnitt die mittleren 32 M stillegen, beidseitig 2mal je 4 M und 1mal 2 M abnehmen. Gleichzeitig für die Schulterschrägung in 67 cm Gesamthöhe 3mal 10 M und 1mal 12 M abketten.

VORDERTEIL

Genauso wie das Rückenteil arbeiten, jedoch in 50 cm Gesamthöhe die Arbeit in der vorderen Mitte teilen und beide Hälften getrennt weiterstricken. Neben der Rand-M des rechten Vorderteils eine zusätzliche M als Rand-M anschlagen, damit neben dem Schlitz auf der Vorderseite eine rechte Masche

liegt. In 62 cm Gesamthöhe für die Halsausschnittrundung 1mal je 6 M, 4 M, 3 M und 5mal je 2 M und 1mal 1 M abketten. Gleichzeitig für die Schulterschrägung in 67 cm Gesamthöhe 3mal je 10 M und 1mal 12 M abketten. Das linke Vorderteil gegengleich beenden, am Schlitz die li M zur Rand-M umstricken.

ÄRMEL

56 M mit Nadel Nr. 3 italienisch anschlagen. Nach den ersten 4 R die Nadelstärke auf 3,5 wechseln und 7 cm im Bündchenmuster hochstricken. In der Rück-R gleichmäßig verteilt 14 M zunehmen. Anschließend mit Nadel Nr. 4 im Grundmuster weiterstricken. Für die seitliche Schrägung beidseitig in jeder 4. R 35mal je 1 M zunehmen. In 46 cm Gesamthöhe beidseitig 6mal in jeder 2. R je 2 M abnehmen. Anschließend alle M abketten.

AUSARBEITUNG

Die Teile spannen, befeuchten und trocknen lassen. Vorder- und Rückenteil rechts auf rechts aufeinanderlegen und die Schulternähte schließen. Die Ärmel offen einnähen. Ärmel- und Seitennähte durchgehend schließen.

KRAGEN

Entlang des Halsausschnitts insgesamt 252 M aufnehmen und im Bündchenmuster 18 cm hochstricken. Die mittleren 226 M locker abketten und die Blendenteile beidseitig des Schlitzes getrennt weiterarbeiten. Die 13 Blenden-M noch 14 cm im Bündchenmuster stricken und abketten. Die Schlitz- und Blendenkante mit Kett-M einmal umhäkeln. Die abgeketteten 226 M des Kragens auf die Innenseite kippen und an die Halsausschnittkante nähen. Den Reißverschluß vom Schlitzende bis zum Kragenbruch zwischen Vorderteil und Blende schieben und festnähen. Die gehäkelte Kante soll nach dem Schließen des Reißverschlusses genau aneinanderstoßen.
Auf der Innenseite die offenen Blendenkanten rundum festnähen.

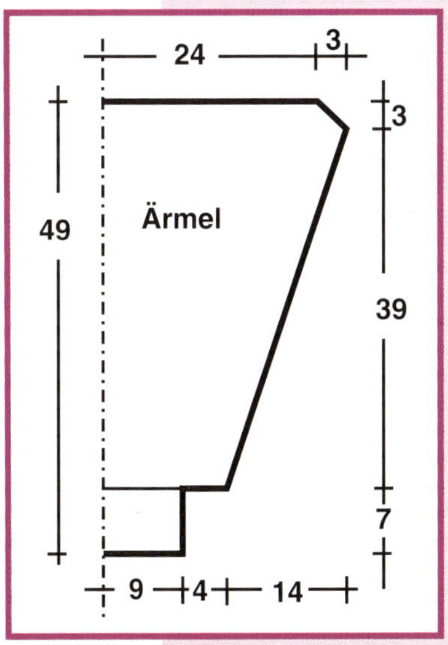

Troyer mit Raglan-Ärmeln für Kinder

KINDERGRÖSSE 116 BIS 128

MATERIAL

500 g Regia 6 von Schachenmayr, reine Schurwolle, in Grasgrün Nr. 613 (oder vergleichbares Garn)

Stricknadeln Nr. 3, 3,5 und 4

Häkelnadel Nr. 4

Reißverschluß 12 cm lang

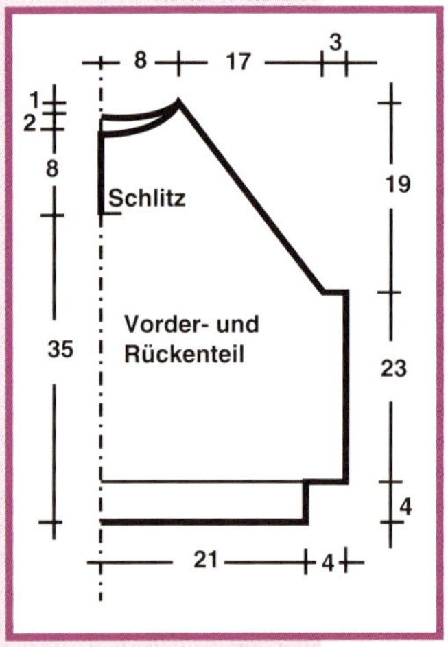

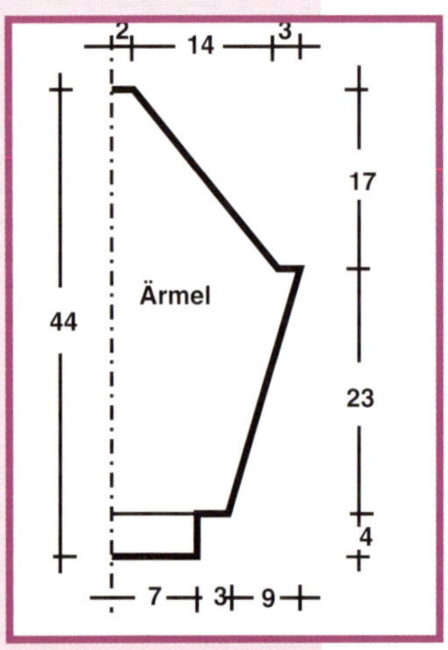

BÜNDCHEN, GRUNDMUSTER UND MASCHENPROBE

Vgl. die Angaben für Troyer (S. 82/83).

RÜCKENTEIL

130 M mit Nadel Nr. 3 italienisch anschlagen, nach der 4. R mit Nadeln Nr. 3,5 im Bündchenmuster 4 cm stricken. Weiter mit Nadeln Nr. 4 im Grundmuster arbeiten. In 27 cm Gesamthöhe beidseitig 4 M abketten. Für die Raglanschrägung mit 3 M Abstand zur Rand-M in jeder 4. R 20mal je 2 M abnehmen. Gleichzeitig in 45 cm Gesamthöhe die mittleren 30 M für den Halsausschnitt stillegen. Beidseitig noch 1mal je 3 M und 2 M abketten.

VORDERTEIL

Wie das Rückenteil arbeiten, in 35 cm Gesamthöhe das Vorderteil mittig teilen und beide Hälften getrennt weiterarbeiten. Für das rechte Vorderteil am Schlitz neben der re M eine zusätzliche Rand-M anschlagen. In 43 cm Gesamthöhe für den Halsausschnitt 10 M stilllegen, dann noch 1mal 3 M, 2mal je 2 M und 3mal je 1 M abketten. Das linke Vorderteil gegengleich stricken, die li M neben dem Schlitz zur Rand-M umstricken.

ÄRMEL

52 M mit Nadel Nr. 3 italienisch anschlagen, nach der 4. R mit Nadeln Nr. 3,5 im Bündchenmuster 4 cm stricken. Weiter mit Nadeln Nr. 4 im Grundmuster arbeiten, dabei für die Ärmelschrägung 23mal in jeder 4. R 1 M zunehmen. In 27 cm Gesamthöhe beidseitig 4 M abketten. Für die Raglanschrägung mit 3 M Abstand zur Rand-M in jeder 4. R beidseitig 20mal je 2 M abnehmen. In einer Gesamthöhe von 44 cm die restlichen 12 M abketten.

AUSARBEITUNG

Zunächst alle Teile spannen, befeuchten und trocknen lassen. Anschließend das Vorderteil und das Rückenteil rechts auf rechts aufeinanderlegen und die Schulternähte schließen. Die Ärmel offen einnähen. Zum Schluß werden dann alle Ärmelnähte und Seitennähte durchgehend geschlossen.

KRAGEN

Entlang des Halsausschnitts insgesamt 112 M aufnehmen und im Bündchenmuster 10 cm hochstricken. Die mittleren 92 M locker abketten und die Blendenteile zum Verstürzen des Reißverschlusses beidseitig des Schlitzes getrennt weiterarbeiten. Die 10 Blenden-M noch 9 cm im Bündchenmuster stricken und abketten. Die Schlitz- und Blendenkante mit Kett-M einmal umhäkeln. Die abgeketteten 112 M des Kragens auf die Innenseite kippen und an die Halsausschnittkante nähen. Den Reißverschluß vom Schlitzende bis zum Kragenbruch zwischen Vorderteil und Blende schieben und festnähen.
Die gehäkelten Kanten sollen nach dem Schließen des Reißverschlusses genau aneinanderstoßen. Auf der Innenseite die offenen Blendenkanten rundum festnähen.

Winterset mit Einstrickmuster für Kinder

MATERIAL

Schachenmayr Extra superweich, reine Schurwolle (oder vergleichbares Garn)

50 g in Schwarz Nr. 3521

50 g in Rot Nr. 3519

50 g in Strohgelb Nr. 3557

50 g in Royalblau Nr. 3512

50 g in Farngrün Nr. 3617

50 g in Blaugrün Nr. 3613

50 g in Cyclam Nr. 3608

Gedifra Sportlife, reine Schurwolle in Türkis Nr. 3089 oder verschiedenfarbige Wollreste

Nadelspiel Nr. 3,5

Häkelnadel Nr. 4

Kartonrest

- Schwarz
- Rot
- Strohgelb
- Royalblau
- Türkis
- Farngrün
- Blaugrün
- Cyclam

RUNDGESTRICKTER SCHAL

GRUNDMUSTER

Glatt re, in Rd nur re M stricken

MASCHENPROBE IM GRUNDMUSTER

22 M und 30 R ergeben 10 cm im Quadrat.

SCHAL STRICKEN

64 M in Türkis anschlagen und auf die 4 Nadeln des Nadelspiels verteilen. Auf jeder Nadel befindet sich ein Rapport des Einstrickmusters über 16 M. Rapport in der Höhe wiederholen, bis eine Länge von 100 cm erreicht ist.

AUSARBEITUNG

Schal so aufeinanderlegen, daß sich der Farbwechsel an einer seitlichen Bruchkante befindet. Schal spannen, befeuchten und trocknen lassen. Aus schwarzer, roter, gelber und cyclamfarbener Wolle 12 cm lange Fäden abschneiden. Am einfachsten geht das, wenn Sie sich einen 12 cm langen und ca. 5 cm breiten festen Karton zuschneiden und die Wolle locker um die Längsseite wickeln. An den Kanten aufschneiden. Jeweils 3 Fäden einer Farbe aufeinander- und zur Hälfte legen, mit der Häkelnadel an der offenen Kante durch zwei gegenüberliegende Maschen stechen, die Fransen mit dem Bruch in den Haken legen und ca. 3 cm weit zur Schlinge durchziehen. Fransen loslassen, mit der Häkelnadel von unten durch die Schlingen fassen und die Enden der jetzt 6 Fäden durch die Schlinge ziehen. Wollenden so weit anziehen, daß sich ein schöner Knoten ergibt. Zum Schluß in jede 4. Masche in wechselnden Farben Fransen einknüpfen.

Reihe 1-49, Rapport über 16 M

Winterset mit Einstrickmuster für Kinder

MATERIAL

Wollreste vom Rundgestrickten Schal

Kurzes Nadelspiel Nr. 3,5

Quaste:
Karton,
gelbe Wollreste

MÜTZE MIT QUASTE

Kopfumfang ca. 40 cm

BÜNDCHENMUSTER

2 M re, 2 M li im Wechsel

GRUNDMUSTER

Glatt re, in Hin-R re M, in Rück-R li M

KOPFTEIL STRICKEN

66 M in Türkis anschlagen und den Musterrapport in der Breite 8mal einstricken. Rapport in der Höhe so oft wiederholen, bis das Strickstück 24 cm lang ist. Alle M abketten.

AUSARBEITUNG

Rechteck spannen, befeuchten, trocknen lassen und links auf links entlang der Längskanten aufeinanderlegen. Offene Querkanten mit Matratzenstich zusammennähen. Mit der Rundstricknadel aus der Kante 100 M auffassen und 11 cm im Bündchenmuster stricken. M abketten. Für die Quasten aus Karton ein Quadrat mit den Seitenlängen 6 x 6 cm schneiden. Karton mit der gelben Wolle ca. 50 bis 60mal locker umwickeln. Mit einer Stopfnadel einen langen doppelten Faden unter den Wicklungen entlang einer Kartonkante durchziehen. Doppelten Faden zusammenziehen und mehrfach verknoten. Wicklungen an der gegenüberliegenden Kartonseite vorsichtig aufschneiden. Quastenfäden aufeinanderlegen und ca. 1–1,5 cm unterhalb des verknoteten Fadens mehrfach mit Wolle umwickeln, verknoten und abschneiden. Mit Stopfnadel den doppelten Faden durch eine Ecke der Mütze auf die linke Strickseite ziehen und auf der Innenseite beide Fäden vernähen. 2. Quaste mit gelber Wolle ebenso herstellen und festnähen.

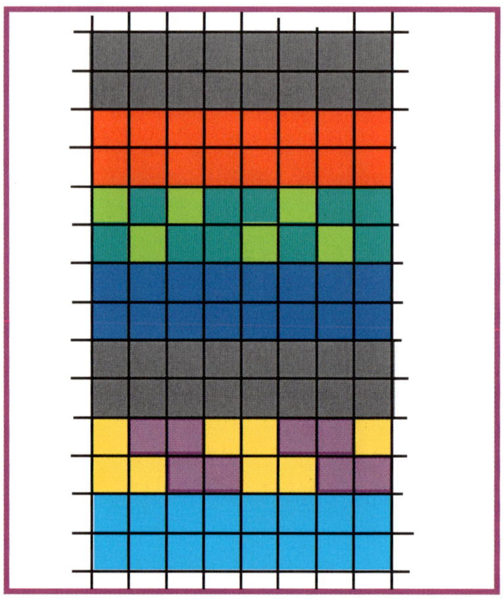

Mütze mit Quaste: Reihe 1–14, Rapport 8 M

HANDSCHUHE

Für Kinder im Alter von ca. vier bis fünf Jahren

MATERIAL, MASCHENPROBE UND GRUNDMUSTER

Handschuhe und Ringelmütze wie Rundgestrickter Schal (S. 86)

BÜNDCHENMUSTER

1 M re, 1 M li im Wechsel

HANDSCHUHE ANFERTIGEN

32 M in Schwarz anschlagen und auf den 4 Nadeln des Nadelspiels verteilen. Im Bündchenmuster 7 cm stricken. Die ersten beiden Musterreihen des Rapports stricken. Für den Daumenkeil nach der 3. M der ersten Nadel aus dem Querfaden 1 M re verschränkt zunehmen. Diese M ist

der Anfang des Keils, die nächsten Zunahmen erfolgen vor und nach dieser Anfangs-M. In den Rd mit Farbwechseln M im passenden Farbrhythmus ergänzen. Bis zur 10. Rd in jeder 2. Rd jeweils vor und nach den vorherigen M-Zunahmen je 2 M zunehmen, indem Sie aus dem Querfaden der Vor-Rd 1 M re verschränkt und 1 M re herausstricken. Nach der 10. Rd wurden für den Daumen 17 M zusätzlich herausgestrickt. Daumen-M auf einer Sicherheitsnadel stillegen.

FINGER STRICKEN

Die ursprünglichen 32 M im Musterrapport bis zur Höhe von 9 cm ab Musterbeginn in Rd weiterstricken. Abnahmen für die Spitze erfolgen in jeder Rd. Auf der 1. Nadel die 2. und 3. M re überzogen zus.str., auf der 2. Nadel die dritt- und zweitletzte Nadel re zus.str., auf der 3. Nadel die zweite und dritte M re überzogen zus.str., auf der 4. Nadel die dritt- und zweitletzte Nadel re zus.stricken. Wenn noch 8 M übrig sind, diese mit dem Strickfaden zusammenziehen, Faden auf die linke Seite durchstechen, Handschuh wenden und Faden auf der Innenseite vernähen. Die 17 Daumen-M auf Nadelspiel verteilen und eine zusätzliche M über dem Daumenkeil aus dem Muster herausstricken. Daumen 3,5 cm in Schwarz hochstricken. Abnahmen jeweils am Anfang der 1. und 3. Nadel und am Ende der 2. und 4. Nadel durch Zus.str. bzw. Überziehen. Wenn noch 4 M übrig sind, diese mit dem Strickfaden zusammenziehen und vernähen. Den anderen Handschuh gegengleich stricken.

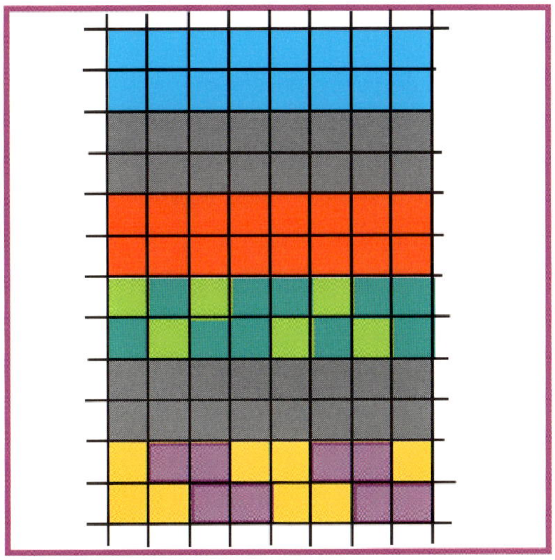

Handschuhe: Reihe 1–12, Rapport 8 M

RINGELMÜTZE

120 M in Schwarz anschlagen und zur Runde schließen. M im Bündchenmuster einteilen und 8 cm in der Höhe stricken. Danach glatt re weiterstricken, die oben angegebenen Farben in beliebiger Reihenfolge in Ringeln. In 29 cm Gesamthöhe mit 2 Rd in Schwarz abschließen, alle M in Schwarz abketten. Schlauch am oberen Ende mit einer Hand fest zusammenraffen, mit der anderen Hand ca. 6 cm unterhalb des oberen Randes einen schwarzen Faden mehrfach fest um den Schlauch wickeln.

Für eine Ringelmütze für Erwachsene verwenden Sie ruhigere Farben. Errechnen Sie den Maschenanschlag durch Ausmessen Ihres Kopfumfangs und der Maschenprobe: Sie brauchen dafür nicht mehr als 100 g Wolle in mittlerer Nadelstärke. Wenn Sie einen glatten Abschluß vorziehen, stricken Sie Ihre Kopfhöhe plus 3 cm. Mit einer Stopfnadel und Faden ziehen Sie am Ende die Maschen zusammen.

Mütze mit Zöpfen

MATERIAL

100 g Schachenmayr Extra, reine Schurwolle in Weiß-Mouline Nr. 3619 (oder vergleichbares Garn)

Rundstricknadel oder Nadelspiel Nr. 4

Kordel:
8 Wollfäden ca. 170 cm

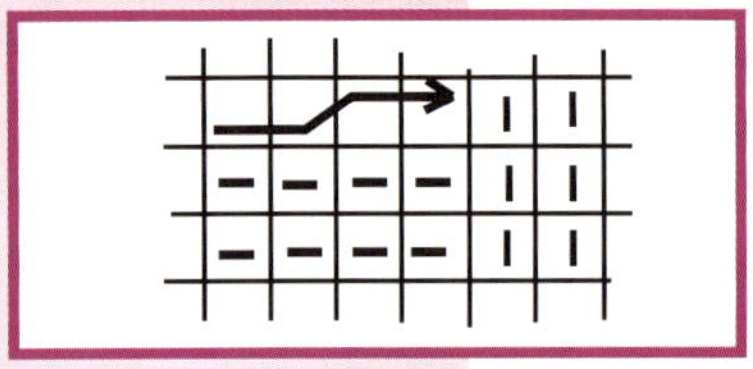

BÜNDCHEN
2 M re, 2 M li im Wechsel

GRUNDMUSTER
1. - 4. Rd: * 2 M li, 4 M re*
5. Rd: * 2 M li, 2 M auf eine Hilfsnadel vor die Arbeit legen, 2 M re, M der Hilfsnadel re stricken *
In den Rück-Rd M stricken, wie sie erscheinen.

MASCHENPROBE
Im Grundmuster gestrickt, ergeben 28 M in der Breite und 32 R in der Höhe 10 cm im Quadrat.

MÜTZE STRICKEN
120 M anschlagen und 6 cm im Bündchenmuster stricken. In folgender Rd 18 M gleichmäßig verteilt zunehmen und anschließend das Grundmuster stricken. In 21 cm Höhe ab Grundmuster alle M mit einem Faden zusammenraffen und den Faden auf der Innenseite vernähen.

KORDEL MIT QUASTEN
Für die Kordel 8 ca. 170 cm lange Fäden gegeneinander so stark verdrehen, bis sie sich, zur Hälfte aufeinandergelegt, wieder ineinander verdrehen. Die Kordel sollte ca. 70 cm lang sein. Die Quasten werden genauso angefertigt wie bei **Mütze mit Quaste** (S. 88) angegeben. Die fertigen Quasten in die beiden Enden der Kordel einknoten. Anschließend die Kordel mittig mit einem Doppelfaden an der Mützenspitze festnähen.

Geringelte Zipfelmütze

MATERIAL

Schachenmayr Regia 4 , 75 % Schurwolle, 25 % Polyacryl (oder vergleichbares Garn)

50 g in Schwarz Nr. 2066

50 g in Burgund Nr. 315

50 g in Polar Nr. 2148

50 g in Curry Nr. 2101

50 g in Weide Nr. 2147

Nadelspiel Nr. 3

Pompon:
2 Kartonringe mit 5 cm Durchmesser, Innendurchmesser 2,5 cm, schwarzer Wollfaden

MASCHENPROBE
30 M in der Breite und 42 Rd in der Höhe ergeben 10 cm im Quadrat.

BÜNDCHENMUSTER
2 M re, 2 M li im Wechsel

STREIFENFOLGE
Glatt re in Rd: 8 Rd Schwarz, je 4 Rd Curry, Polar und Burgund, 8 Rd Schwarz, je 4 Rd Weide, Curry, Polar, Burgund und Weide

MÜTZE STRICKEN
144 M in Schwarz anschlagen und auf Nadelspiel (= 36 M pro Nadel) verteilen. 10 cm im Bündchenmuster 2 M re, 2 M li stricken, dann glatt re nach der Streifenfolge arbeiten. Nach 24 cm Gesamtlänge für Abnahmen 8mal jede 18. M kennzeichnen. An diesen Markierungen in der folgenden Rd und anschließend noch 16mal in jeder 18. Rd gekennzeichnete M mit vorhergehenden M re zus.stricken. Restliche 8 M mit Faden zusammenziehen und vernähen.

POMPON WICKELN
Scheiben aufeinanderlegen und mit doppeltem Faden so lange Rand umwickeln, bis Innendurchmesser geschlossen ist. Fadenenden nach außen legen und Wicklungen mit Schere aufschneiden. Doppelten Faden zwischen beiden Scheiben fest zusammenbinden, Scheiben wegziehen und Pompon mit einer Schere rundschneiden. Mit doppeltem Faden an Mütze nähen.

Fingerhandschuhe mit Tigerstulpe

GRÖSSE 7,5

MATERIAL

Schachenmayr Extra, reine Schurwolle (oder ähnliches Garn)

100 g in Schwarz

50 g in Weiß

Falls Sie die Handschuhe einfarbig stricken, genügen insgesamt 100 g Wolle.

Nadelspiel, kurz und normal, Nr. 3,5

GRUNDMUSTER

Glatt re, in Rd nur re M stricken

BÜNDCHEN

Kraus re, 1 Rd li M, 1 Rd re M

MASCHENPROBE

24 M Breite und 28 M Höhe im Grundmuster ergeben 10 x 10 cm.

STULPE

48 M in Schwarz anschlagen, auf Nadelspiel verteilen, zur Runde schließen. 6 Rd im Bündchenmuster, die letzte Rd nur li M stricken. Musterrapport glatt re 1mal in der Höhe und 2mal in der Rd einstricken: M ergeben fortlaufendes Muster.

Musterrapport 24 M und 30 R

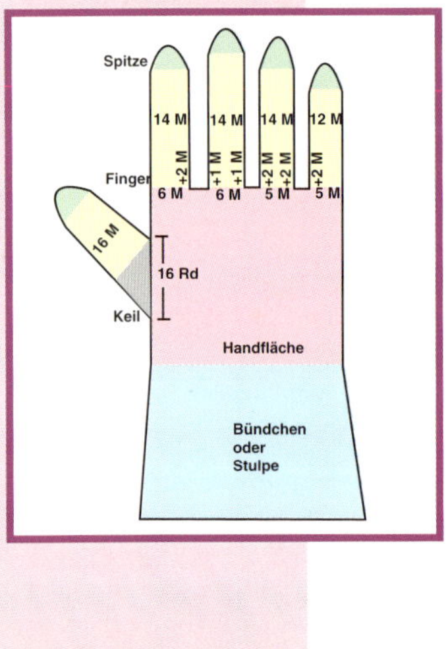

HANDFLÄCHE, KEIL

Handfläche in Schwarz fortsetzen, dabei in 1. Rd 2 M gleichmäßig verteilt abnehmen. Gleichzeitig Keil beginnen. Er wird am Anfang der 1. Nadel gestrickt (für 2. Handschuh Keil am Ende der 2. Nadel einfügen). 1. und 2. M der 1. Nadel auf eine Nadel des kurzen Nadelspiels nehmen. In 2. Rd vor und nach diesen beiden M aus dem Querfaden der Vor-Rd jeweils 1 M re verschränkt herausstricken. In jeder 2. Rd diese Zunahmen wiederholen, sie liegen am Anfang und Ende der zusätzlichen Nadel, d. h., M für Keil vermehren sich in jeder 2. Rd um 2 M, M der Handfläche haben sich um 2 M (Keil-M am Anfang) verringert. Nach 14 Rd Keil beenden: es sind 16 Keil-M, für die Handfläche 44 M. Keil auf Sicherheitsnadel stillegen. Handfläche ca. 11 cm ab Stulpe gerade hochstricken (Handfläche endet beim Ansatz des kleinen Fingers).

FINGER UND SPITZE

Mit Zeigefinger auf der Seite des Keils beginnen. Erste 6 M der 1. Nadel und letzte 6 M der 4. Nadel (vor und nach dem Keil) auf kurze Nadeln des Nadelspiels heben, dazwischen als Steg 2 M neu anschlagen. M auf 4 kurze Nadeln verteilen und 20 Rd bis zur Spitze glatt re stricken. Für Spitze am Anfang der 1. und 3. Nadel je 2 M re überzogen, am Ende der 2. und 4. Nadel je 2 M re zus.str. Sind noch 4 M auf Nadeln, alle M mit Faden zusammenziehen und auf Innenseite vernähen. Für Mittelfinger 6 M der 4. Nadel und 6 M der 1. Nadel aufnehmen, dazwischen als Steg 1 M aus Steg des kleinen Fingers aufnehmen, für 2. Steg 1 M zusätzlich anschlagen. M auf Nadelspiel verteilen, 22 Rd stricken, Spitze wie beim Zeigefinger. Für Ringfinger die nächsten 5 M der 3. Nadel und der 2. Nadel auf das kurze Nadelspiel nehmen, als Steg 2 M vom Mittelfingersteg herausstricken und 2 M zum kleinen Finger hin zusätzlich anschlagen (weiter wie Zeigefinger). Für kleinen Finger die restlichen 10 M auf Nadelspiel, 2 M aus Ringfingersteg herausstricken. 14 Rd gerade hochstricken, Spitze wie bei anderen Fingern arbeiten. Für Daumen stillgelegte Keil-M auf 4 Nadeln des kurzen Nadelspiels verteilen, 14 Rd bis zur Spitze gerade hochstricken (Spitze wie bei anderen Fingern). Zweiten Handschuh gegengleich stricken.

Dreifarbige Fäustlinge

GRÖSSE 7

MATERIAL

Schachenmayr Extra, reine Schurwolle

50 g in Weiß

50 g in Rot

50 g in Marine

Nadelspiel Nr. 4

GRUNDMUSTER, BÜNDCHEN UND MASCHENPROBE

Wie Fingerhandschuhe (S. 92/93)

BÜNDCHEN

44 M in Rot anschlagen, auf 4 Nadeln verteilen und im Bündchenmuster 4 Rd rot, 18 Rd Marine, 2 Rd Weiß und 4 Rd Marine stricken.

HANDFLÄCHE UND KEIL

Im Grundmuster in Weiß weiterstricken, gleichzeitig den Keil am Anfang der 1. Nadel beginnen. Die 1. und 2. M der 1. Nadel auf eine Nadel des kurzen Nadelspiels nehmen. In der 2. Rd vor und nach diesen beiden M aus dem Querfaden der Vor-Rd jeweils 1 M re verschränkt herausstricken. In jeder 2. Rd diese Zunahmen wiederholen, sie liegen am Anfang und Ende der zusätzlichen Nadel, das bedeutet, M für Keil vermehren sich in jeder 2. Rd um 2 M, M der Handfläche haben sich um 2 M (Keil-M am Anfang) verringert. Nach 14 Rd Keil beenden. Anzahl der Keil-M beträgt 16 M, die der Handfläche 42 M. Keil auf Sicherheitsnadel stillegen.
M der Handfläche in Weiß gerade hochstricken, ca. 14 cm ab Bündchen. Der Handschuh muß bis zur Spitze des kleinen Fingers reichen.

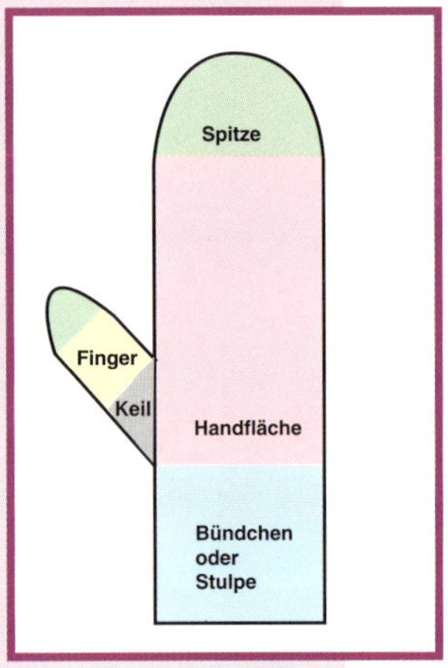

SPITZE

Für Spitze die 2. und 3. M der 1. und 3. Nadel je 2 M re überzogen zus.stricken und die dritt- und zweitletzte M der 2. und 4. Nadel re zus.str. Sind noch insgesamt 12 M auf den Nadeln, die 1. und 2. Nadel auf die 3. und 4. Nadel legen. Den Strickfaden ca. 30 cm

lang abschneiden und auf eine Stopfnadel fädeln. Die aufeinanderliegenden M im Maschenstich zusammennähen, am Ende den Faden auf der Innenseite vernähen.

DAUMENFINGER

Für den Daumen die stillgelegten Keil-M auf 4 Nadeln des kurzen Nadelspiels verteilen, 14 Rd bis zur Spitze gerade hochstricken.
Für die Spitze am Anfang der 1. und 3. Nadel je 2 M re überzogen zus.str., am Ende der 2. und 4. Nadel je 2 M re zus.str. Sind noch 4 M auf den Nadeln, alle M auf einen Faden zusammenziehen und auf der Innenseite vernähen. Den zweiten Handschuh gegengleich stricken.

Fäustlinge mit Flechtmuster

MASCHENPROBE
Glatt re gestrickt ergeben 24 M und 36 R 10 cm im Quadrat.

BÜNDCHENMUSTER
2 M re, 2 M li im Wechsel

FLECHTMUSTER
1. Rd: glatt re, 2. Rd: * 4 M auf eine Hilfsnadel vor die Arbeit legen, 4 M re, M der Hilfsnadel re stricken *, 4 M re
3.–7. Rd: glatt re
8. Rd: 4 M re, * 4 M auf eine Hilfsnadel hinter die Arbeit legen, 4 M re, M der Hilfsnadel re stricken *
9.–12. Rd: glatt re
Die Angaben zwischen den * fortlaufend wiederholen.

HANDSCHUH STRICKEN
66 M anschlagen, dabei je 11 M auf die 1. und 2. Nadel verteilen und je 22 M auf die 3. und 4. Nadel verteilen. 9 cm im Bündchenmuster stricken, dann mit der 1. und 2. Nadel glatt re, mit der 3. und 4. Nadel im Flechtmuster stricken. Gleichzeitig in der 1. Rd auf der 1. und 2. Nadel je 1 M zunehmen. In der 4. Rd. ab Flechtmuster für den Daumenkeil die beiden ersten M der 1. Nadel auf eine Hilfsnadel nehmen. In den weiteren Rd vor und nach den beiden M der Hilfsnadel 6mal in jeder 4. Rd 1 M re verschränkt zunehmen. Nach 24 Rd befinden sich 14 M auf der Hilfsnadel. Diese M stillegen. Zu Beginn der 1. Nadel in der folgenden Rd 2 M anschlagen. Nach ca. 14 cm Höhe ab Bündchen die Spitze stricken (siehe Fäustlinge S. 94). Den Daumen mit den stillgelegten Keilmaschen stricken, zusätzlich aus den 2 angeschlagenen M der 1. Nadel der Handfläche 2 M herausstricken. Die 16 M des Daumens auf einem kurzen Nadelspiel verteilen, 14 Rd gerade hochstricken. Daumenspitze wie auf S. 94 beschrieben beenden. Den linken Handschuh gegengleich stricken.

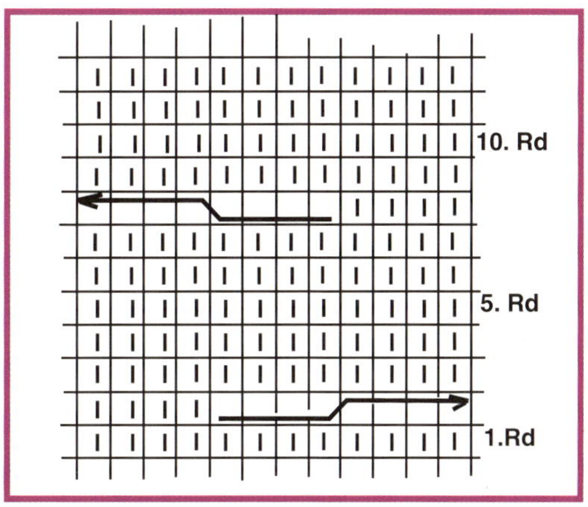

GRÖSSE 7

MATERIAL
100 g Schachenmayr Regia 6 Nr. 2140 (oder ähnliches Garn)

2 Nadelspiele Nr. 3,5

Socken stricken

VERSCHIEDENE GRÖSSEN

siehe Tabelle auf S. 99

MATERIAL

Schachenmayr Regia 6 (oder vergleichbares Garn)

2 Nadelspiele, Nadelstärke siehe Maschenprobe S. 99

BÜNDCHEN UND SCHAFT

Alle M laut Tabelle und Wollstärke (s. S. 99) anschlagen und auf einem Nadelspiel gleichmäßig verteilen. Die M zur Runde schließen und, falls von Ihnen erwünscht, die M im Bündchenmuster abstricken. Bis zum Beginn der Ferse den Schaft entweder glatt re oder ebenfalls im Bündchenmuster stricken. Selbstverständlich können Sie in den Schaft, ganz nach Ihren eigenen Vorstellungen, auch ein anderes Muster, etwa Loch-, Zopf- oder Einstrickmuster einarbeiten.

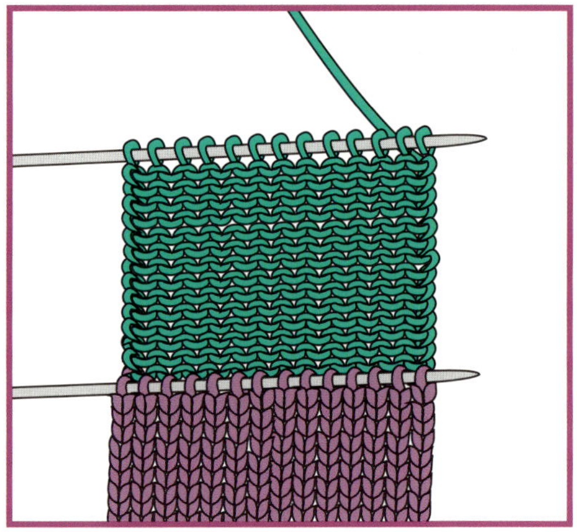

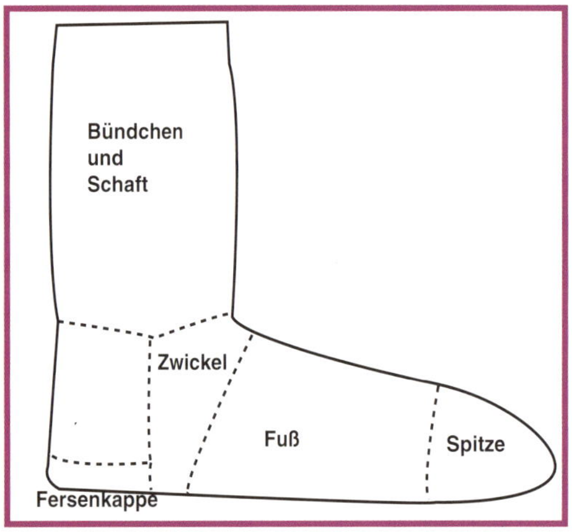

FERSE

Für die Ferse zunächst die M der 2. und 3 Nadel stillegen und mit den M der 1. und 4. Nadel gerade glatt re weiterstricken, dabei können 2 M nach der Rand-M in Hin- und Rück-R li gestrickt werden. So viele Reihen stricken, wie sich Fersen-M auf der Nadel befinden. Bei einem Anschlag von 60 M insgesamt wird zum Beispiel die Ferse 30 M 30 R hoch gestrickt. Die Fersen-M gleichmäßig auf 3 Nadeln verteilen. In der Hin-R die M der 1. und 2. Nadel re stricken, dabei * die letzte M der 2. Nadel re abheben, die anschließende M der 3. Nadel re stricken und die abgehobene M darüberziehen. Wenden Sie nun die Arbeit: 1 M li abheben, die M der 2. Nadel li stricken bis zur letzten M, die letzte M mit der folgenden M der 1. Nadel li zus.str. Wiederum die Arbeit wenden, 1 M li abheben, folgende M der 2. Nadel bis zur letzten M re stricken *. Sie müssen nun alle oben beschriebenen Arbeitsgänge zwischen den angegebenen Zeichen * so oft wiederholen, bis alle M von der 1. und 3. Fersen-nadel aufgebraucht sind.

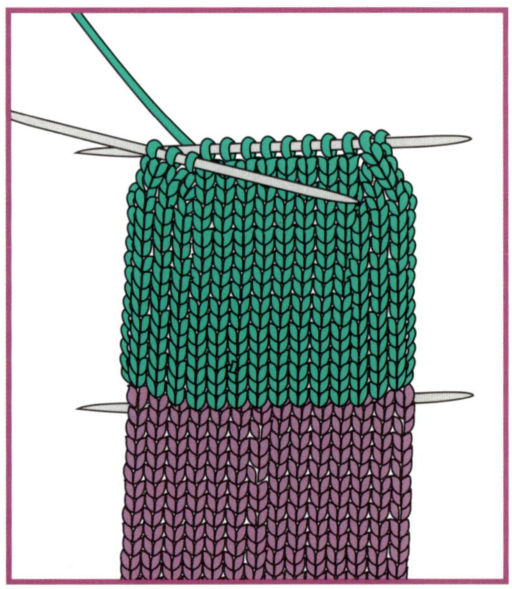

Socken stricken

FERSENMASCHEN AUFFASSEN UND ZWICKEL STRICKEN

Alle M der Fersenkappe auf 2 Nadeln verteilen. Die Mitte ist der Rundenbeginn. Mit der 1. Nadel nach den M der Fersenkappe die anschließenden Rand-M der Ferse auffassen, dabei durch beide Maschenglieder in jede 2. Rand-M stechen und re abstricken. Bei einer Höhe von 30 R der Ferse müßten Sie also 15 M auffassen. Die stillgelegten M des Schafts auf 2 Nadeln verteilen, diese M anschließend nach dem Aufnehmen der Fersen-M abstricken. Mit der 4. Nadel die Rand-M des anderen Fersenrandes auffassen und re abstricken. Auf der 1. und 4. Nadel sind mehr M als bei Fersenbeginn auf der Nadel, und zwar soviele wie die Hälfte der M der Fersenkappe. In Rd glatt re weiterstricken, dabei in der 3. Rd die zweit- und drittletzte M der 1. Nadel re zus.str., bei der 4. Nadel 1 M re stricken, die 2. M abheben, die 3. M re stricken und die abgehobene M darüberziehen. Das Abnehmen in jeder 3. Rd wiederholen, bei dicker Wolle in jeder 2. Rd. Nehmen Sie nun so lange ab, bis sich auf allen Nadeln gleich viele Maschen wie bei Fersenbeginn befinden.

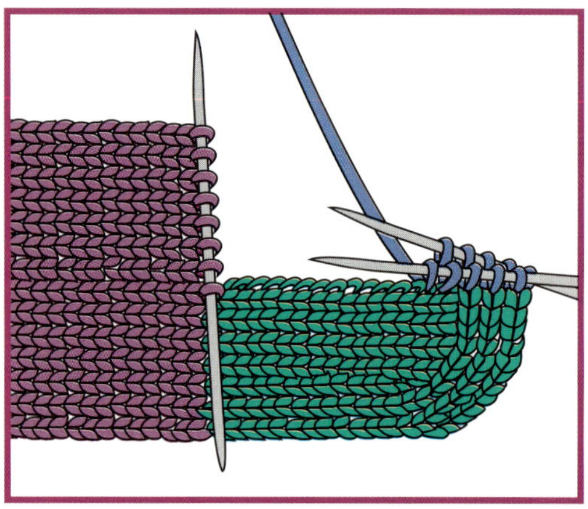

SPITZE

Für die Spitze die zweit- und drittletzte M der 1. und 3. Nadel re zus.str., 1 M re stricken.
Die 1. M der 2. und 4. Nadel re stricken, die folgenden beiden M re überzogen zus.str.
Die M dazwischen immer re stricken.
Nach der 1. Rd mit Abnahmen 3 Rd glatt re stricken, nach der 2. und

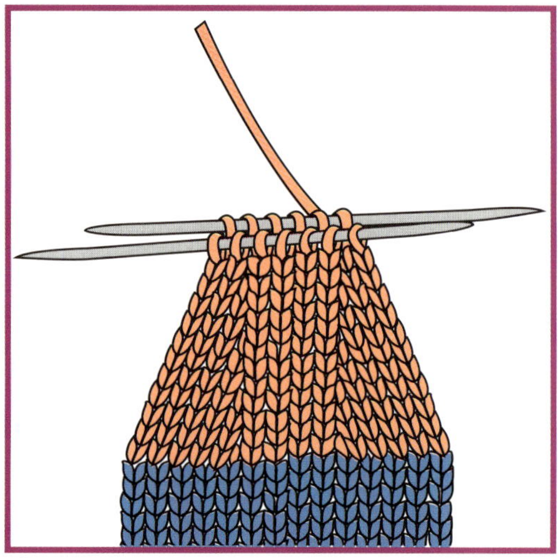

3. Rd Abnahmen je 2 Rd glatt re stricken, nach der 4.–6. Rd Abnahmen je 1 Rd glatt re stricken, dann ohne Zwischen-Rd in jeder Rd abnehmen, bis sich nur noch 8 bis 12 M auf den Nadeln befinden.
Anschließend die M des oberen Spitzenteils mit den M des unteren Spitzenteils im Maschenstich zusammennähen oder alle M mit doppeltem Faden zusammenziehen und auf der Innenseite vernähen.

Die genauen Angaben zur jeweiligen Sockengröße und zur Maschenprobe mit unterschiedlichen Nadelstärken können Sie auf der gegenüberliegenden Seite finden.

Größentabelle für Socken

Maschenprobe:
30 M und 42 R mit Nadelspiel Nr. 2–3 ergeben 10 cm im Quadrat.

Größe	22/23	24/25	26/27	28/29	30/31	32/33	34/35
Fußlänge in cm	14	15,5	17	18	19,5	21	22
Maschenanschlag	44	48	48	52	52	56	56
Fersenbreite in Maschen	22	24	24	26	26	28	28
Fersenhöhe in Reihen	20	22	22	24	24	26	26
Maschenanzahl Fersenkappe	8	8	8	8	8	10	10
Maschenaufnahme Zwickel	11	12	12	13	13	14	14
Fußlänge ab Aufnahme bis Spitze in cm	6,5	7	8,5	9	10,5	11,5	12,5

Größe	36/37	38/39	40/41	42/43	44/45	46/47
Fußlänge in cm	23,5	25	26,5	27,5	28,5	30
Maschenanschlag	60	60	64	64	68	72
Fersenbreite in Maschen	30	30	32	32	34	34
Fersenhöhe in Reihen	28	28	30	30	32	34
Maschenanzahl Fersenkappe	10	10	10	10	12	12
Maschenaufnahme Zwickel	15	15	16	16	17	18
Fußlänge ab Aufnahme bis Spitze in cm	13,5	15	15,5	16,5	17	18

Die oben genannte Maschenprobe erreichen Sie
mit Nadel Nr. 2, wenn Sie locker stricken,
mit Nadel Nr. 2,5, wenn Sie normal stricken,
mit Nadel Nr. 3, wenn Sie fest sticken.

Ringelsocken

GRÖSSE 38

MATERIAL

Schachenmayr Regia 4 (oder vergleichbares Garn)

50 g in Schwarz

50 g in Schwarz-Weiß-Meliert

Nadelspiel Nr. 2,5

BÜNDCHEN
2 M re, 2 M li im Wechsel

GRUNDMUSTER
Glatt re, in Rd nur re M, in R Hin-R re Rück-R li stricken

MASCHENPROBE
30 M in der Breite und 42 R in der Höhe ergeben 10 cm im Quadrat.

SOCKEN STRICKEN
Folgen Sie der Anleitung auf den Seiten 96–99. 64 M in Schwarz anschlagen und die M gleichmäßig auf dem Nadelspiel verteilen. 15 cm im Bündchenmuster stricken, abwechselnd 5 Rd in Schwarz und 5 Rd in Schwarz-Weiß-Meliert. Die 32 Fersen-M auf der 1. und 4. Nadel in Schwarz 30 R hochstricken, ebenso die 10 M breite Fersenkappe. Auf jeder Seite 16 M in Schwarz-Weiß-Meliert für den Zwickel auffassen: Es sind dann 74 M auf den Nadeln. Nach dem Zwickel das Fußteil arbeiten, ab Maschenaufnahme ist es 15,5 cm lang. Die Spitze in Schwarz stricken.

Socken in Schwarz-Weiß

GRÖSSE 38

MATERIAL

Schachenmayr Regia 6, reine Schurwolle

100 g in Schwarz

50 g in Weiß

Nadelspiel Nr. 3,5

BÜNDCHEN
1 M re, 1 M li im Wechsel

GRUNDMUSTER
Siehe Ringelsocken

MASCHENPROBE
26 M in der Breite und 30 R in der Höhe ergeben 10 cm im Quadrat.

SOCKEN STRICKEN
Folgen Sie der Anleitung auf den Seiten 96–99. 54 M in Schwarz anschlagen und gleichmäßig auf dem Nadelspiel verteilen. 4 cm im Bündchenmuster stricken, danach glatt re weiterarbeiten. Dabei den Musterrapport Schaft 6mal in der Runde und 5mal in der Höhe einstricken. Die 27 Fersen-M auf der 1. und 4. Nadel in Schwarz 22 R hochstricken, ebenso das 7 M breite Fersenkäppchen. 11 Fersen-M auf jeder Seite in Schwarz auffassen: Es sind dann 56 M auf den 4 Nadeln. Das Fußteil mit

Musterrapport Schaft 8M und 8R

Musterrapport Fuß 8M und 10R

dem Musterrapport Fuß stricken. Mit dem Einstrickmuster mit der 1. Nadel beginnen, am Anfang der 2. Nadel vor dem nächsten Einstrickrapport 4 M weiß stricken, am Ende der 3. Nadel nach dem 4. Einstrickrapport ebenfalls 4 M weiß stricken. Das Muster ringsum einarbeiten. Die zusätzlichen 4 weißen M am Anfang der 2. und am Ende der 3. Nadel beim Stricken des Zwickels abnehmen, so daß nach den ersten 10 Rd des ersten Rapports 48 M auf dem Nadelspiel verteilt sind. Den Rapport insgesamt 4mal in der Höhe einstricken, danach die Spitze in Weiß fortsetzen.

Ringelsocken

(Umschlag)

Gr. 38/39 und 42/43
Die Angaben für Größe 42/43 stehen in Klammern

MATERIAL

- Schachenmayr Regia 4fädig
- 50 (100) g in Hellgrau meliert Fb 646
- 50 g in Schwarz Fb 2066 (oder vergleichbares Garn)
- 1 Nadelspiel Nr. 2 - 3
- 1 Sticknadel ohne Spitze

BÜNDCHEN

2 M re, 2 M li im Wechsel

GRUNDMUSTER

Abwechselnd 4 Rd kraus (1 Rd re M, 1 Rd li M im Wechsel) in Schwarz und 4 Rd re M in Hellgrau stricken.

MASCHENPROBE

Im Grundmuster gestrickt, ergeben 30 M in der Breite und 50 R in der Höhe 10 cm im Quadrat.

SOCKEN STRICKEN

60 (64) M in Hellgrau meliert anschlagen und 8 cm im Bünchenmuster stricken. Weiter im Grundmuster 77 (85) Rd arbeiten, der Schaft ist etwa 15,5 (17) cm lang. Danach Ferse und Fuß nach der Grundanleitung stricken, dabei die Ferse in Hellgrau meliert, den Fuß im Grundmuster und die Spitze in Hellgrau meliert arbeiten. (Alle weiteren Längenmaße entnehmen Sie der Tabelle auf Seite 99).